BESSER SPRECHEN AUF KNOPF DRUCK

Sebastian van Ravenswaay

Alle Ratschläge in diesem Buch wurden vom Autor und vom Verlag sorgfältig erwogen und geprüft. Eine Garantie kann dennoch nicht übernommen werden. Eine Haftung des Autors beziehungsweise des Verlags für jegliche Personen-, Sach- und Vermögensschäden ist daher ausgeschlossen.

Email: info@edition-lunerion.de
www.edition-lunerion.de

Psiana eCom UG
Berumer Str. 44
26844 Jemgum

Inhalt

Vorwort

Jeder Mensch spricht im Durchschnitt ungefähr 16.000 Wörter am Tag. Sei es auf der Arbeit, innerhalb der Familie oder bei verschiedenen sozialen Events – überall, wo verschiedene Personen aufeinandertreffen, findet ein reger Austausch statt, wobei es nicht selten auch zu Streitigkeiten oder Missverständnissen kommen kann. Denken Sie doch einfach nur an die ständigen Diskussionen mit Ihren Familienmitgliedern oder den täglichen regen Kommunikationsaustausch über Social Media. Ständig sind Sie mit Ihren Mitmenschen verbunden und stehen in engem Kontakt zu ihnen. Gute Kommunikationsfähigkeiten sind also ein Muss, um bei Ihren Mitmenschen nicht anzuecken und Ihre eigenen Grenzen effizient kommunizieren zu können.

Auch im Geschäftsleben sind verfeinerte Kommunikationstools unumgänglich, damit Sie sich einen guten Namen machen können und von Ihren Kollegen und Ihren Vorgesetzten geschätzt und respektiert werden. In so gut wie jedem Lebensbereich müssen Sie wissen, wie Sie gekonnt mit Ihrer sozialen Umwelt in Interaktion treten können, damit Sie mit Ihren persönlichen Bedürfnissen nicht auf der Strecke bleiben. Doch wie gelingt Ihnen nun ein effizienter Austausch, ohne dass Sie dabei zu aufdringlich wirken? Die Kunst des richtigen Kommunizierens besteht darin, ein Gefühl dafür zu entwickeln, in welchen Situationen Sie lieber auf das aktive Zuhören zurückgreifen sollten und wann Ihre Worte dazu beitragen können, eine Situation effizient zu lösen. Somit schaffen Sie den perfekten Rahmen dafür, dass eine perfekte Kommunikation auf Augenhöhe überhaupt erst gelingen kann.

Doch wie erlangen Sie dieses Gespür überhaupt? Treten Sie am besten mit so vielen Personen wie möglich in Kontakt und trainieren Sie somit Ihre kommunikativen Fähigkeiten. Scheuen Sie sich nicht davor, während eines Meetings Ihre Stimme zu erheben und für Ihre Interessen einzustehen. Je öfter Sie sich bewusst in soziale Situationen begeben und Ihre Komfortzone verlassen, desto leichter wird es Ihnen fallen, sich zu einem effizienten Redner zu entwickeln. Denn wie so gut wie bei allen Dingen im Leben ist eine kontinuierliche Übung erforderlich, um Ihre Ziele zu erreichen und Ihre persönlichen Fähigkeiten effizient zu verbessern.

Besser sprechen leicht gemacht

Was macht in Ihren Augen einen guten Kommunikator aus? Ist es eine Person, die genau an der richtigen Stelle die passenden Wörter parat hat, um eine Situation zu retten, oder ist es jemand, der bei jeder Präsentation glänzen kann und somit die Bewunderung und den nötigen Respekt seines sozialen Umfeldes erhält? Fakt ist jedenfalls, dass eine gute Gesprächsführung notwendig ist, um sowohl im beruflichen als auch im privaten Kontext erfolgreich bestehen zu können. Nicht selten kommt es dabei aber zu allerlei Missverständnissen und Fehlinterpretationen. So kann ein und dieselbe Aussage bei den unterschiedlichsten Personen zu verschiedenen Reaktionen führen. Wie oft ist es Ihnen bereits passiert, dass Sie die wahren Absichten hinter einer Aussage falsch interpretiert haben und sich dadurch angegriffen oder hintergangen gefühlt haben, obwohl das in dieser Situation gar nicht nötig gewesen wäre?

Manchmal entscheidet auch einfach nur Ihre momentane Befindlichkeit darüber, ob Sie den Wörtern Ihres Gegenübers zu viel Gewicht zusprechen oder ob Sie die Botschaft hinter seinen Wörtern in diesem Augenblick genau richtig interpretieren. Auf der anderen Seite kennen Sie es bestimmt auch, wenn Sie sich beispielsweise während eines Streits zu ungeschickt ausgedrückt haben und dadurch die komplette Situation einfach nur noch mehr eskaliert. Sie wollten eigentlich gar keinen Konflikt entstehen lassen, aber Ihr zu hohes Stresslevel und die falsche Interpretation der Situation haben dafür gesorgt, dass Sie in einem undenkbar falschen Moment die falschen Wörter gewählt haben. Die gute Nachricht ist, dass Sie mithilfe dieses Buches Ihre Kommunikationsfähigkeiten grundlegend verbessern können, wodurch unnötige Missverständnisse von nun an der Vergangenheit angehören. Sie werden anhand der zahlreichen Tipps lernen, wie Sie Ihre kommunikativen Fähigkeiten Schritt für Schritt ausbauen können, um während Ihrer nächsten Konversation einen souveränen Auftritt hinlegen zu können. Für eine erfolgreiche Kommunikation spielt nicht nur Ihr eigenes Selbstwertgefühl eine entscheidende Rolle, auch der Umfang Ihres Wortschatzes und Ihre Fähigkeit, richtigen Small Talk zu führen, sind entscheidend dafür, ob Sie in den unterschiedlichsten kommunikativen Situationen bestehen können oder nicht. Sie lernen außerdem mehr darüber, was es bedeutet, ein guter Zuhörer zu sein, und wie Sie mithilfe von positiver Sprache jede soziale Situation ganz automatisch ins Positive lenken können.

Für eine gekonnte Diskussionsrunde werden Sie außerdem erfahren, wie Sie schlagfertiger auf Ihr Gegenüber reagieren können, um somit jede ungewollte verbale Attacke gekonnt zum Absender zurückzuschicken. Damit Ihnen dabei nicht die Worte fehlen, erhalten Sie außerdem noch die richtigen Methoden an die Hand, um Ihren Wortschatz effektiv erweitern zu können!

Die 4 Säulen der erfolgreichen Kommunikation

Wie gut können Sie eigentlich kommunizieren? Fakt ist, wer die Kunst der perfekten Wortwahl verstanden hat und weiß, in welcher Situation er schlagfertig reagieren muss, dem fällt es um einiges leichter, seine beruflichen sowie privaten Ziele zu erreichen. Kommunikation ist das ultimative Schlüsselwort und die Kernkompetenz, wenn es um Ihren persönlichen Erfolg geht. So viel ist sicher! Doch ab wann gilt Kommunikation als **erfolgreich**? Haben Sie sich diese Frage auch schon einmal gestellt? In der heutigen Zeit ist es notwendig geworden, sich selbst Gesprächsstrategien anzueignen, die Sie in so gut wie jeder sozialen Situation anwenden können. Sie müssen eine wichtige Präsentation halten? Das ist doch kein Problem! Sie wurden während eines Streits provoziert und müssen sich durchsetzen? Das schaffen Sie! Sobald Sie wissen, wie Sie sich gekonnt und mit viel Selbstbewusstsein in Szene setzen, wird Ihnen so schnell keiner mehr die Show stehlen wollen.

Für den Anfang kann es hilfreich sein, wenn Sie sich vor Augen halten, dass eine erfolgreiche Kommunikation aus insgesamt **vier Säulen** besteht. Dabei ist nicht nur das gesprochene Wort von großer Bedeutung, sondern auch Ihre **Körpersprache**. Was strahlen Sie aus, wenn Sie mit Ihren Mitmenschen interagieren? Haben Sie sich darüber schon einmal Gedanken gemacht? Der **erste Eindruck** ist entscheidend, um bei Ihrem Gegenüber als kompetenter Gesprächspartner wahrgenommen zu werden. Dabei zählen nicht nur eine freundliche Mimik und Gestik, sondern auch die **effiziente Wortwahl** während eines Gesprächs. Wie sieht es mit Ihrem **Wortschatz** aus? Können Sie sich in herausfordernden Situationen – wie zum Beispiel einem beruflichen Telefonat oder einem Geschäftsessen – sofort gewählt ausdrücken oder stockt Ihnen manchmal der Atem, wenn Sie Ihren persönlichen Standpunkt kurz und präzise darlegen sollen? Denken Sie doch einmal kurz über diese Frage nach und schreiben Sie Ihre persönlichen Gedanken zu dem Thema auf. Vielleicht können Sie diese Notizen zu einem späteren Zeitpunkt noch einmal verwenden, um den Fortschritt Ihrer kommunikativen Fähigkeiten zu reflektieren.

Eine freundliche und effektive Ausdrucksweise unterstützt Sie in vielerlei Hinsicht. Steckt ein geliebter Mensch beispielsweise gerade in einer persönlichen Lebenskrise, können die richtigen **Worte** wie ein Balsam wirken. Sie bauen das Selbstwertgefühl eines anderen Menschen auf und können somit die Lebensqualität des Gegenübers stark verbessern. Jedoch können **falsche Worte** auch verletzen und für Schmerzen, Demütigungen oder Missverständnisse sorgen.

Daher ist eine gut ausgewählte Ausdrucksweise für eine möglichst effiziente Kommunikation von großer Bedeutung. Es gibt viele Faktoren, die einen Einfluss auf Ihren Kommunikationsstil haben können.

Da wären zum einen die **Erziehung** und die **persönlichen Prägungen** aus Ihrer Kindheit. Haben Sie in einem Elternhaus gelebt, in dem Sie viel Respekt und liebe Worte erfahren haben, oder wurden Sie eventuell von wichtigen Bezugspersonen verbal attackiert und verletzt? Ihre **Erfahrungen** haben eine starke Auswirkung auf Ihr derzeitiges Kommunikationsverhalten. Vielleicht haben sich die negativen Erfahrungen tief in Ihr Unterbewusstsein eingegraben und bestimmen Ihr momentanes Gesprächsverhalten indirekt mit. So nutzen Sie wahrscheinlich indirekt die gleichen Sätze und Worte, die Sie aus Ihrem Umfeld kennen.

Zum anderen spielt auch das **Alter** eine wesentliche Rolle dabei, welche Ausdrücke Sie im Alltag benutzen und wie Sie sich während zwischenmenschlichen Interaktionen verhalten. Während Jugendliche eher auf die Slang-Sprache zurückgreifen, um in ihrem Freundeskreis möglichst cool zu wirken, legt die ältere Generation noch sehr viel Wert auf gewisse gesellschaftlich verankerte Regeln. Für sie sind eine bewusste Wortwahl und eine möglichst höfliche Tonlage ein Muss, um in der Öffentlichkeit einen guten Eindruck zu hinterlassen.

Doch wie können Sie die vier Säulen der erfolgreichen Kommunikation nun in Ihr Leben integrieren und somit Ihr persönliches Wirken beziehungsweise Ihre Kommunikationsfähigkeiten verbessern und optimieren?

Im folgenden Kapitel werden Sie nun mehr über die einzelnen Säulen erfahren und bekommen außerdem noch wertvolle Tipps, wie Sie die genannten Punkte für Ihr eigenes Kommunikationsverhalten nutzen können.

SÄULE 1: NONVERBALE KOMMUNIKATION

Wussten Sie, dass über **90 Prozent** Ihrer Kommunikation **nonverbal**, also ganz ohne Worte, stattfindet? Selbst wenn Sie absolut nichts sagen und Ihren Gesprächspartner stumm gegenübersitzen, senden Sie indirekt eine Botschaft zu ihm aus. Dabei spielt Ihr eigenes **Unterbewusstsein** eine entscheidende Rolle, da es die Art und Weise steuert, wie Sie anderen Menschen gegenübertreten. Diesen Teil der Kommunikation sollten Sie nie unterschätzen. Denn Sie selbst haben nur sehr wenig Kontrolle darüber, wie Ihre Körpersprache auf Ihre Außenwelt wirkt. Jedoch können Sie durch eine bewusste Innenschau und Selbstreflexion lernen, gewisse Details an Ihrer Körpersprache selbst zu steuern. Bemerken Sie beispielsweise, dass Sie im Gespräch Ihre Arme immer wieder verschränken, sollten Sie darauf achten, dass dies auch ein Zeichen der Abwehr sein kann und Ihr Gegenüber eher abschrecken könnte, wodurch ein freundlicher Gesprächsbeginn eher verhindert wird. Daher sollten Sie lernen, sich selbst in gesellschaftlichen Situationen zu beobachten, um mögliche Fehltritte zu vermeiden. Wenn Sie sich Ihren körperlichen Reaktionen bewusst geworden sind, können Sie viel besser gegensteuern und unfreundliche Gesten bei der nächsten Interaktion am besten von vornherein verhindern.

> Die Säule der nonverbalen Kommunikation beinhaltet also alle Teilbereiche der menschlichen Interaktion, die über das gesprochene Wort hinausgehen.

Außerdem kommen noch die Bereiche der **Mimik** und **Gestik**, Ihr persönlicher **Tonfall**, der **Augenkontakt** und Ihr **allgemeines Erscheinungsbild** dazu.

Denken Sie doch einmal ganz genau nach. Worauf achten Sie am meisten, wenn Sie mit einer neuen Person ins Gespräch kommen wollen? Wahrscheinlich schauen Sie erst einmal darauf, wie die Person im Allgemeinen auf Sie wirkt. Sie scannen sie also von oben bis unten ganz genau ab und mustern dabei unter anderem die Mimik. Währenddessen fallen Ihnen Kleinigkeiten, wie zum Beispiel herabhängende Mundwinkel, ein freundliches Lächeln oder zusammengezogene Augenbrauen, bei Ihrem Gegenüber auf. Dies hilft Ihnen dabei, den **Gemütszustand** des anderen besser einzuordnen. Bemerken Sie beispielsweise, dass Ihr Gegenüber Sie sehr ernst anschaut, können Sie den Gesprächsverlauf in eine positivere Richtung lenken, indem Sie Ihre Wörter so auswählen, dass Ihr Gesprächspartner mit einem positiveren Lächeln auf Sie reagiert. Spezielle Übungen können Sie außerdem dabei unterstützen, sich über Ihre eigene Mimik bewusst zu werden. Durch effiziente Trainings, beispielsweise mit einem Personal-Coach, können Sie außerdem lernen, eine selbstbewusstere Körperhaltung einzunehmen, indem Sie an Ihrem Selbstwertgefühl arbeiten. Somit erhalten Sie nicht nur eine sympathischere Ausstrahlung, sondern lernen auch, Ihren eigenen Gesichtsausdruck besser unter Kontrolle zu halten. Die folgende Übung kann Ihnen dabei helfen, sich mehr mit Ihrer eigenen Mimik auseinanderzusetzen:

Übungen:

1. Lieben Sie es, Geschichten laut vorzulesen und sich mit anderen auszutauschen? Dann suchen Sie sich doch einen Buchclub in der Nähe und verbringen Sie einen schönen Nachmittag mit neuen Leuten. Schnappen Sie sich Ihr Lieblingsbuch und starten Sie eine Diskussion über die Inhalte. Wenn Sie sich trauen, lesen Sie die Erzählung innerhalb der Gruppe laut vor und setzen Sie Ihre gesamte Körpersprache dabei ein. Somit können Sie die Spannung halten und ziehen Ihr Publikum in Ihren Bann. Verziehen Sie Ihr Gesicht den Charakteren entsprechend und bringen Sie die Gruppe zum Lachen. Das stärkt nicht nur Ihr Selbstvertrauen, sondern Sie können zeitgleich üben, Ihre Mimik und Gestik zu trainieren.

2. Nehmen Sie sich einen Nachmittag Zeit und schnappen Sie sich Ihren Notizblock. Notieren Sie die schönsten sowie die traurigsten Erlebnisse Ihres Lebens. Bereits beim Schreiben werden Sie merken, wie die Emotionen zu fließen beginnen. Lassen Sie es zu! Spüren Sie dabei genau, wie sich Ihre Mimik beim Erinnern an die Vergangenheit verändert. Achten Sie bewusst auf jegliche Veränderungen Ihrer Mimik. Haben Sie den Mut, alle Gefühle zu fühlen.

3. Gehen Sie doch mal wieder ins Theater oder Ihr Lieblingsmusical. Während Sie die Show genießen, achten Sie doch einmal genau darauf, wie die Schauspieler Ihre Mimik einsetzen, während sie ihre Rolle verkörpern. Was fällt Ihnen auf? Wie werden die verschiedenen Emotionen dargestellt? Was können Sie in Ihrem Alltag selbst umsetzen oder worauf sollten Sie beim nächsten Mal bei Ihrem Gesprächspartner achten? Machen Sie sich dazu Gedanken und schreiben Sie Ihre Erkenntnisse in Ihr Notizbuch.

4. Stellen Sie sich vor einen Spiegel und schauen Sie sich Ihr eigenes Gesicht einmal genau an. Was nehmen Sie wahr, wenn Sie sich selbst betrachten? Wie wirken Ihre Gesichtszüge? Was sagen Ihre Augen aus? Strahlen Sie vor Freude oder sind Sie eher traurig? Als Nächstes denken Sie einmal an etwas Amüsantes, über das Sie lauthals lachen müssen. Wie sehen Sie aus, wenn Sie herzhaft lachen müssen? Sind Sie eher verhalten oder grinsen Sie? Lassen Sie den Eindruck einmal auf sich wirken. Danach denken Sie bitte an etwas, was Sie sehr traurig macht, vielleicht an einen dramatischen Film oder ein Buch mit einem sehr erschütternden Ende, das Sie mal gelesen haben. Wie verändert sich Ihre Mimik jetzt? Wirken Ihre Augen glasig? Sehen Sie eine

Träne Ihre Wangen hinunterfließen? Was passiert mit Ihren Mundwinkeln? Hängen Sie herunter? Wie wirken Sie auf sich selbst, wenn Sie einen trauernden Gesichtsausdruck haben? Führen Sie diesen Durchgang ruhig mit jeder Emotion durch, die Ihnen in den Sinn kommt, sei es Angst, Wut oder Ekel. Stellen Sie sich zu jedem Gefühl eine bestimmte Geschichte vor und beobachten Sie Ihren Gesichtsausdruck im Spiegel. Welche Erkenntnisse können Sie daraus gewinnen? Je öfter Sie Ihre Mimik bewusst trainieren, desto besser können Sie Ihren Ausdruck während eines Gesprächs kontrollieren. Es lohnt sich also, diese Übung regelmäßig auszuprobieren, obwohl sie am Anfang vielleicht etwas Überwindung kosten kann.

Der wichtigste Gegenspieler Ihrer Mimik ist natürlich die **Gestik**. Es gibt viele Personen, die durch den Einsatz der Hände, Arme oder teilweise auch des ganzen Körpers ihre Zuhörerschaft in den Bann ihrer Erzählungen ziehen können. Dabei nehmen sie bewusst eine Eindruck erzielende Position ein und nutzen bestimmte Gesten, damit das Erzählte noch ausdrucksstärker beim Gegenüber ankommt. Das haben Sie sicherlich schon einmal während eines Gesprächs bei Ihrem Gegenüber beobachtet. Entweder trommelt er kaum merklich mit den Fingern gegen die Tischoberfläche oder er bewegt die Hände stark hin und her, um die gesprochene Botschaft noch besser vermitteln zu können.

Beobachten Sie sich beim nächsten Gespräch doch mal selbst:

- Welche Gesten benutzen Sie, um Ihre Aussage glaubwürdig zu untermauern?
- Nutzen Sie Ihre Hände, um Ihren Standpunkt zu verdeutlichen?
- Nicken Sie immer wieder zustimmend mit dem Kopf, wenn Sie Ihrem Gegenüber ein offenes Ohr verleihen?
- Breiten Sie Ihre Arme aus, wenn Sie auf etwas Bedeutsames hinweisen wollen?
- Wie bewegen Sie Ihre Arme und Hände?
- Gibt es Gesten, die Sie immer wieder wiederholen?

Achten Sie einmal genau darauf, damit Sie sich über Ihre gewohnten Gesten bewusst werden. Es gibt durchaus auch etliche unbewusste Körperbewegungen, auf die Sie möglichst **verzichten** sollten, wenn Sie bei Ihrem Gegenüber einen guten Eindruck hinterlassen wollen. So können beispielsweise **geballte Fäuste** auf innerliche Aggressionen hinweisen und ein **Kratzen am Kopf** lässt auf Unsicherheit oder Ratlosigkeit schließen. Im schlimmsten Falle könnte man auf die Idee kommen, Sie seien ungepflegt. Reflektieren Sie einmal ganz genau, ob Sie öfter Ihren **Kopf auf Ihren Händen** abstützen. Das signalisiert nicht nur Desinteresse, sondern kann auch ein Zeichen für Langeweile sein. So werden Sie definitiv keinen positiven Effekt auf Ihr Umfeld ausüben.

Wie Sie sehen, sollten Sie sich darin üben, vor allem Ihre unbewussten Muster und Bewegungen zu reflektieren, damit Sie diese schnellstmöglich verändern können. Eine ausgezeichnete Möglichkeit, um diese Verhaltensweisen an die Oberfläche zu holen, wäre zum Beispiel eine regelmäßige **Meditation** oder ein **Body-Scan**. Diese Methoden verbessern nicht nur Ihre Körperwahrnehmung, sondern können auch in stressigen Situationen Abhilfe schaffen. Sobald Sie Ihre Nerven beruhigt und sich vom Alltagsstress etwas erholt haben, werden Sie schnell merken, dass Sie viel gelassener auf Ihr soziales Umfeld reagieren werden. Ein entspanntes und ausgeglichenes Gemüt kann Ihnen dabei behilflich sein, vor allem in Konfliktsituationen Ihre Stimme nicht unnötig zu erheben und auf einen ruhigeren Tonfall zu achten. Immerhin sollten Sie die **Wirkung Ihres Tonfalls** niemals unterschätzen. Verschiedene Faktoren können den Klang Ihrer Worte beeinflussen und bei Ihrem Gegenüber entweder eine sehr positive oder eine eher negative Reaktion auslösen. Dazu zählen vor allem die **Lautstärke,** das **Sprechtempo,** die **Artikulation** sowie die **Betonung** der einzelnen Sätze und Wörter. Je nach Tonlage kann ein und derselbe Satz von Ihren Gesprächspartnern vollkommen unterschiedlich interpretiert und wahrgenommen werden.

Stellen Sie sich einmal die folgende Situation vor:

Sie wollen mit Ihrer besten Freundin bzw. Ihrem besten Freund einen entspannten Abend im Restaurant genießen. Die Stimmung ist ausgelassen und lustig. Sie rufen den Kellner herbei und bitten ihn höflich darum, Ihnen die Speisekarten zu bringen. Sie bemerken, dass der Kellner zwar freundlich ist, aber zeitgleich durch das viele Gewusel im Restaurant sehr gestresst wirkt. Daher achten Sie darauf, mit ihm auf eine sehr empathische Weise zu interagieren. Nachdem Sie Ihre Gerichte bestellt haben, wird das Essen auch recht schnell serviert. Jedoch bemerken Sie, dass Ihre Suppe schon recht kalt ist, obwohl Sie sie gerade erst erhalten haben. Von weitem sehen Sie den Kellner, der eine besorgte Miene aufweist und rasch von einem Tisch zum nächsten eilt. Das kalte Gericht wollen Sie trotzdem nicht essen, weshalb Sie den Mitarbeiter in einem ausgewählt höflichen Tonfall zu sich rufen. Er kommt zu Ihnen an den Tisch und fragt mit besorgter Stimme, was er für Sie tun kann. Obwohl Sie sich innerlich sehr ärgern, halten Sie noch einmal kurz inne und fragen ihn in einem entspannten Tonfall, ob Sie vielleicht eine neue Suppe erhalten können, da diese sehr kalt ist, obwohl Sie sie erst serviert bekommen haben. Der Kellner erwidert daraufhin mit einer sehr ruhigen Stimme, dass er sich für die Unannehmlichkeiten entschuldigt und schnellstmöglich dafür sorgt, dass Sie ein neues Gericht erhalten. Sie bedanken sich höflich bei ihm und die Atmosphäre bleibt höflich und zuvorkommend.

Wie Sie sehen, wurde durch das bewusst höfliche Einsetzen der Stimme die angespannte Gemütslage des Kellners sichtlich verbessert, wodurch trotz des vielen Gewusels eine harmonische Gesprächsatmosphäre hergestellt werden konnte. Dadurch konnte der Kellner viel empathischer auf das Problem eingehen und freundlich auf das Anliegen reagieren. Daher ist es von besonderer Wichtigkeit, vor allem in stressigen Situationen die Gesamtsituation zu überblicken und kurz innezuhalten, damit Sie sich selbst reflektieren können. Ist es jetzt notwendig, die Stimme zu erheben, oder kann der Konflikt auch auf eine friedlichere Art und Weise gelöst werden?

Indem Sie bewusst auf eine ruhigere Tonlage achten, können unnötige Konflikte, die häufig durch eine falsche Betonung ausgelöst werden, in Zukunft vermieden werden.

Im Allgemeinen verhilft die bewusste **Regulierung Ihrer Stimmlage** dazu, mögliche Missverständnisse in Ihrem sozialen Umfeld deutlich zu reduzieren. Dabei kann eine genervte Stimmlage genauso problematisch sein wie zu leises Sprechen. Wie Sie merken, kann die Wahl einer falschen Tonlage Sie schnell in ein falsches Licht rücken und zu Missverständnissen führen. Außerdem vermittelt eine gedämpfte Stimmlage den Eindruck, dass Sie über zu wenig Selbstvertrauen verfügen und von Ihrer eigenen Meinung selbst nicht sehr überzeugt sind. Dies kann im schlimmsten Fall dazu führen, dass man Ihre Ansichten nicht richtig ernst nimmt und sie einfach ignoriert.

Um so etwas zu vermeiden, sollten Sie ein besseres Gefühl für Ihre Stimme und Ihren Resonanzraum entwickeln. Damit Ihnen das leichter gelingt, können Sie einmal die folgenden Übungen in Ihren Alltag einbauen, um Ihrer Stimme mehr Volumen und Ausdruckskraft zu verleihen.

Übungen:

1. Summen Sie immer mal wieder, wenn Ihnen danach ist. Das verbessert nicht nur Ihre persönliche Stimmung, sondern sorgt auch dafür, dass Ihre Stimme insgesamt mehr Volumen bekommt und sich der Resonanzraum in Ihrem Mund vergrößert. Außerdem hilft Ihnen regelmäßiges Summen dabei, ein besseres Klanggefühl zu entwickeln.

2. Bewusstes und ausgiebiges Gähnen sorgt dafür, dass sich Ihre Stimmmuskulatur entspannen kann. Ihr Kehlkopf senkt sich und der Resonanzraum wird größer. Dadurch wirkt Ihre Stimme klarer und befreiter.

3. Während Sie mit jemandem sprechen, achten Sie doch einmal ganz bewusst auf Ihre Körperhaltung. Sitzen Sie gerade und selbstbewusst am Tisch oder sind Ihre Schultern eher eingefallen? Richten Sie Ihren gesamten Oberkörper auf, damit Sie richtig tief ein- und wieder ausatmen können. Das hilft Ihnen dabei, Ihr Stimmvolumen besser unter Kontrolle zu halten. Eine verkrampfte Haltung sorgt hingegen eher dafür, dass Ihre Stimme kaum Raum hat, um sich richtig zu entfalten. Achten Sie daher immer auf eine aufgerichtete Körperhaltung. So können Sie Ihre Botschaft klar und direkt an Ihren Gegenüber übermitteln.

4. Auch Entspannung ist ein wichtiges Schlüsselwort, wenn Sie Ihren Standpunkt selbstbewusst vertreten möchten. Versuchen Sie, vor allem in Diskussionen, Ihre Stimme nicht krampfhaft zu erheben, sondern lassen Sie sie ganz einfach aus Ihrer Bauchmitte herausströmen. Atmen Sie dabei vor dem Sprechen ganz entspannt ein, während des Ausatmens achten Sie nun ganz genau darauf, Ihre Wörter mit dem Ausatmen ganz einfach nach außen fließen zu lassen. Sie werden merken, dass sich die Lautstärke ganz automatisch erhöht, ohne dass Sie sich dafür besonders anstrengen müssen. Achten Sie vor allem auch auf eine bewusste Atmung, um das Zusammenspiel zwischen Ihren Stimmbändern und der benötigten Luftversorgung zu unterstützen.

5. Probieren Sie während des Gesprächs, die Tonlage bewusst zu verändern und selbstständig zu steuern. Unterstreichen Sie Ihr Gesagtes, indem Sie mal laut und dann wieder leise sprechen. Manchmal kann es auch sehr hilfreich sein, wenn Sie Ihr Sprachtempo individuell anpassen. Auch das bewusste Einsetzen von Pausen kann positiv auf den Spannungsbogen Ihrer Pointe wirken und somit Ihren Gesprächspartner in einen Bann ziehen. Versuchen Sie es doch bei Ihrem nächsten Gespräch auch mal. Spielen Sie mit Ihrer Stimme, um bei Ihrem Zuhörer die Neugier für Ihre Geschichte zu wecken. Trinken Sie genügend Wasser oder Tee über den gesamten Tag verteilt. Wenn Sie ausreichend Flüssigkeit zu sich nehmen, stärkt das nicht nur Ihr Herz-Kreislauf-System, sondern es hält auch Ihre Stimme weich und geschmeidig.

Somit werden unangenehme Unterbrechungen im Redefluss durch eine zu trockene Stimme vermieden und Ihr Körper fühlt sich allgemein erfrischt und gut mit Wasser versorgt.

Dies sind nur ein paar Tipps, die Ihnen dabei helfen, Ihre Stimme positiv zu unterstützen und somit auch Ihre Tonlage während eines Gesprächs zu verbessern. Jedoch sollten Sie nicht den wichtigen Einfluss Ihrer **Emotionen und Ihrer persönlichen Stimmung** auf Ihre individuelle Tonhöhe vergessen. Im Allgemeinen hat Ihre **Stimmung** während einer Konversation einen sehr großen Effekt auf viele verschiedene Bereiche Ihrer Körpersprache. Unter anderem werden die Mimik, die Gestik und die Sprechgeschwindigkeit von Ihren Gefühlen bestimmt. Daher ist es immens wichtig, dass Sie lernen, Ihren persönlichen Gemütszustand während wichtiger Besprechungen zu kontrollieren und einen gesunden Zugang zu Ihren Empfindungen zu erhalten. Somit sind Sie sich besser über Ihre eigenen Bedürfnisse während eines Gesprächs bewusst und können Ihre eigenen Erwartungen an Ihr Gegenüber besser kommunizieren. Damit Sie wissen, wie Sie besser mit Ihren emotionalen Eindrücken umgehen können, probieren Sie doch einmal die folgenden Übungen während einer ruhigen Minute aus:

1. **Hören Sie genau in sich hinein!** Führen Sie sich erst einmal vor Augen, dass Ihre Gefühle wichtige Botschafter sind, die Sie auf etwas aufmerksam machen wollen. Daher sollten Sie sich nie für ein Gefühl schämen oder es einfach nur runterspielen. So weist Sie Ihre Wut beispielsweise darauf hin, dass gerade eine persönliche Grenze von Ihnen überschritten wurde. Diese sollten Sie so diplomatisch wie möglich Ihrem Gegenüber kommunizieren, um mit Ihren Ansichten ernst genommen zu werden. Die Angst zeigt Ihnen auf, bei welchem Thema Sie gerade Ihre Komfortzone verlassen und wo Sie eventuell noch mehr Mut benötigen, um Ihren Standpunkt selbstbestimmt zu vertreten. Halten Sie sich vor Augen, dass zu langes Unterdrücken Ihrer negativen Gefühle ungesund ist und auf längere Sicht sogar gesundheitsschädigend sein kann. Nutzen Sie daher Ihre Empfindungen als Botschafter, die Sie bei der Vermittlung Ihrer eigenen Interessen unterstützen sollen, und haben Sie ruhig den Mut dazu, vor allem schlechte Empfindungen so schnell wie möglich auf eine gesunde Art und Weise zu offenbaren. Dies können Sie entweder gleich bei Ihrem Gesprächspartner tun oder Sie führen ein Gefühlstagebuch, in welchem Sie alle negativen Emotionen für sich verarbeiten. Verschiedene Reflexionsfragen können Sie dabei unterstützen. Folgende Beispielfragen können Sie nutzen, um einen besseren Zugang zu Ihren negativen Emotionen zu erhalten:

a. Warum hat mich mein Gesprächspartner mit dieser Aussage verletzt?

b. Welches Gefühl stieg durch diese Aussage genau in mir hoch?

c. Wann und mit wem hatte ich schon einmal so eine ähnliche Situation?

d. Wie kann ich mich beim nächsten Mal bei so einer Feststellung am besten zur Wehr setzen?

2. **Nehmen Sie sich doch einmal Zeit nur für sich allein und fokussieren Sie sich auf Ihre derzeitigen Empfindungen.** Damit Sie ein besseres Körpergefühl entwickeln können, probieren Sie doch einmal die Methode des **Bodys-Scans** aus. Dabei legen Sie sich entspannt auf eine weiche Unterlage und fokussieren sich nacheinander auf die verschiedenen Körperteile. Erst sind die Füße dran und dann folgen die Beine. Anschließend halten Sie die Konzentration

auf Ihren Bauchbereich gerichtet. Vor allem hier sollten Sie einen sehr guten Zugang zu Ihren Empfindungen erhalten, da sich vor allem negativ behaftete Emotionen wie Wut oder Angst gerne in diesem Areal festsetzen. Sollten Sie etwas Unangenehmes in dieser Zone bemerken, atmen Sie einfach ruhig tief ein und wieder aus. Halten Sie die Aufmerksamkeit so lange auf Ihrem Bauch, bis Sie eine Erleichterung spüren. Danach können Sie sich noch auf Ihre Arme und den Kopf konzentrieren, um letztendlich den Body-Scan abzuschließen. Wie lange Sie bei den einzelnen Körperteilen verweilen, ist Ihnen vollkommen selbst überlassen. Machen Sie einfach das, was sich für Sie und Ihren Körper richtig anfühlt. Nach der Übung können Sie Ihre wahrgenommenen Gefühle noch in einem Reflexionstagebuch festhalten, damit Sie Ihre Eindrücke besser deuten und verarbeiten können.

3. Gehen Sie es ruhig an! Befinden Sie sich gerade in einem Gespräch, das in Ihnen negative Emotionen hervorruft, versuchen Sie, erst einmal innerlich auf Abstand zu gehen. Beruhigen Sie Ihre Gedanken, indem Sie innerlich bis zehn zählen. Sollten Sie bemerken, dass diese schnelle Notfallmethode nicht funktioniert, entschuldigen Sie sich kurz bei Ihrem Gegenüber und gehen, wenn möglich, kurz aus der Situation hinaus. Sobald Sie einen klaren Kopf gefasst und sich Ihre Emotionen wieder beruhigt haben, können Sie noch einmal bei dem Gespräch ansetzen und der Person Ihren Standpunkt ganz sachlich erklären. Manchmal kann es auch helfen, wenn Sie das Gesprächsthema aus einem neuen Blickwinkel betrachten und schon während des Gesprächsverlaufs die Ansichten des anderen für sich selbst in eine positivere Richtung umdeuten. Auch das kann dabei behilflich sein, vor allem bei kniffligen Konversationen einen kühlen Kopf zu bewahren.

4. Werden Sie sich Ihrer persönlichen Trigger bewusst. Gibt es Themen, bei denen Sie schon von vornherein wissen, dass Sie sich darüber aufregen werden? Welche Ansichten lösen bei Ihnen negative Gefühle aus? Wenn Sie sich schon von vornherein darüber im Klaren sind, bei welchen Thematiken Ihnen ein Schauder über den Rücken läuft, können Sie den Gesprächsverlauf in eine positivere Richtung lenken. Wenn Sie das Glück haben und Sie das Konversationsthema bereits vor dem Gespräch kennen, machen Sie sich doch einmal ausführlich Gedanken darüber, wie Sie zu dem vorgegebenen Sachverhalt stehen. So können Sie unnötig aufgeladenen Diskussionen aus dem Weg gehen und hitzigen, unsachlichen Konflikten schon im Vorfeld vorbeugen.

5. Arbeiten Sie außerdem an Ihrem Selbstbewusstsein. Werden Sie sich über Ihre Stärken und Fähigkeiten bewusst. Nehmen Sie sich einmal fünf Minuten Zeit, um Ihre persönlichen Erfolge zu notieren. Was haben Sie schon alles erreicht und was sagt das über Ihre Persönlichkeit aus? Es kann auch sehr hilfreich sein, wenn Sie mit Affirmationen – also kurzen positiven

Glaubenssätzen (z. B.: *Ich bin sehr selbstbewusst*) – arbeiten, um Ihr Unterbewusstsein auf vollständiges Selbstvertrauen umzuprogrammieren. Hören Sie sich jeden Abend vor dem Schlafengehen diese positiven Glaubenssätze an. Sie werden merken, dass Sie sich nach einigen Wochen bereits selbstsicherer fühlen werden. Ein gesundes Maß an Selbstbewusstsein kann Sie außerdem dabei unterstützen, Ihre Standpunkte zu einem bestimmten Thema klar zu formulieren und andere von Ihren Ideen zu überzeugen. Ein starkes Vertrauen in sich selbst ermöglicht es Ihnen, Ihre gesamte Außenwirkung in eine positive Richtung zu lenken. Sie wirken nicht nur charismatischer auf Ihr Umfeld, sondern haben auch kein großes Problem damit, den Blickkontakt zu Ihrem Gesprächspartner aufrechtzuerhalten. Durch einen gekonnten Blick in die Augen vermitteln Sie Ihrem Gesprächspartner nicht nur ehrliches Interesse, sondern bauen auch Vertrauen zu ihm auf, was maßgeblich zu einem positiven Gesprächsverlauf beiträgt und Sie dabei unterstützen kann, eine harmonische Gesprächsbeziehung aufzubauen.

Wie bereits gegen Ende des letzten Beispiels angedeutet wurde, ist auch der **Blickkontakt** eine ausschlaggebende Konstante.

Der wechselseitige Blick zwischen Ihnen und Ihrem Gegenüber ist entscheidend dafür, ob Sie sich sympathisch finden oder nicht. Dabei dauert der optimale Blickkontakt meistens nur **ein paar Sekunden**. Auch sollten Sie darauf achten, dass Sie dem anderen **nicht zu lange** in die Augen schauen, da dies auch als Aufdringlichkeit empfunden werden kann. Der tiefe Blick in die Augen entscheidet darüber, wie Sie Ihren Gesprächspartner charakterlich einschätzen bzw. wie Sie als Person von Ihrem Umfeld beurteilt werden. Daher ist es so unglaublich wichtig, dass Sie sich darin üben, in verschiedenen Gesprächssituationen den Augenkontakt stets entspannt und ohne große Anspannung (u. a. auch durch zu langes Starren) halten zu können. Dabei sollten Sie darauf achten, dass Sie mit einem offenen sowie klaren Blick auf Ihren Gesprächspartner zugehen, das heißt, dass Sie durch ein freundliches Lächeln Ihre Augen zum Strahlen bringen. Halten Sie außerdem Ihre Augenbrauen ganz entspannt und lassen Sie jegliche Anspannung aus Ihrem Gesicht entweichen. Dies symbolisiert nicht nur Neugierde, sondern zeigt Ihrem potenziellen Gesprächspartner auch, dass Sie sich über die Kontaktaufnahme freuen. Sollten Sie hingegen bemerken, dass Ihr Gegenüber eher den Blick gesenkt hält oder Ihre Kontaktaufnahme nicht erwidert, warten Sie lieber mit einem Gespräch.

Geben Sie der Person die Möglichkeit, Ihnen klar zu signalisieren, wann sie für ein Gespräch mit Ihnen bereit ist. Dies kann auf unterschiedliche Art und Weise geschehen, entweder durch einen offenen, direkten Blick oder durch ein freundliches Zwinkern. Sollten Sie während des Gesprächs bemerken, dass eine Person lieber auf den Boden schaut und häufig blinzelt, kann das ein Hinweis auf eine große Unsicherheit sein. Sollten Sie dies bemerken, halten Sie den Fokus nicht direkt auf die Person gerichtet, sondern lassen Sie Ihren Blick ab und zu durch den Raum schweifen. So setzen Sie niemanden unter Druck, wodurch trotzdem noch ein entspanntes Gespräch entstehen kann. Sollten Sie jedoch feststellen, dass die Person den Blick bewusst von Ihnen abwendet, können Sie die Konversation auf eine höfliche Art beenden, da dies auch eine Form der Provokation darstellen kann. Wenn Ihnen jedoch bewusst ist, dass Ihr Gegenüber unter einer Angststörung (o. Ä.) leidet, wodurch es ihm schwerfällt, den Blickkontakt aufzunehmen, sollten Sie dies natürlich respektieren. In diesem Fall hat der Mangel an Augenkontakt nichts mit Unhöflichkeit zu tun – schließlich bestimmen ja auch andere Faktoren das erfolgreiche Gelingen einer Interaktion mit! Worauf sollten Sie denn nun achten, wenn Sie den Blickkontakt während eines Gesprächs intensivieren und einen positiven Gesprächsverlauf generieren möchten?

Setzen Sie doch einmal die folgenden Hinweise während Ihres nächsten Gesprächs um:

1. Lächeln Sie mehr! Achten Sie darauf, dass Sie sich selbst in einer positiven Grundstimmung befinden, bevor Sie mit jemand anderem ein Gespräch beginnen. So fällt es Ihnen um ein Vielfaches leichter, den Blickkontakt auf eine spielerische Art zu halten, wodurch Sie gleich authentischer auf Ihr Umfeld wirken. Außerdem behält Sie Ihr Gesprächspartner in positiver Erinnerung, weil er sich bei Ihnen wohlgefühlt hat.

2. Entwickeln Sie ein klares Gespür für die richtige Dauer des Augenkontaktes! Wie Sie weiter oben bereits gelesen haben, kann ein zu kurzer Kontakt als Unsicherheit interpretiert werden. Auch ein zu lange dauernder Blickkontakt kann als unangenehm empfunden werden. Achten Sie daher darauf, Ihren Blick nicht länger als fünf Sekunden auf die andere Person zu richten. Andernfalls könnte sie sich angestarrt fühlen, was oftmals als unhöflich eingeschätzt wird.

3. Beachten Sie die genaue Richtung, in die Sie schauen möchten. Ihr Gegenüber registriert nämlich ganz genau, wohin Sie mit Ihrem Blick schweifen. Schauen Sie beispielsweise immer wieder zur Tür oder auf die Uhr, könnte sehr schnell der Eindruck entstehen, dass Sie nicht an einer Kontaktaufnahme interessiert sind. Dies sollten Sie unbedingt vermeiden. Schauen Sie daher immer mal wieder in das Gesicht Ihres Gesprächspartners und erwidern Sie ein Lächeln. Behalten Sie außerdem die Mimik der anderen Person im Blick. So können Sie besser abschätzen, wie sie auf Ihr Gesagtes reagiert.

Nun haben Sie schon sehr viele hilfreiche Ratschläge und Informationen darüber erhalten, was alles zur nonverbalen Kommunikation gehört und wie Sie

Ihre eigenen nonverbalen Kommunikationsfähigkeiten im Alltag Schritt für Schritt verbessern können.

Zum Abschluss dieses Abschnitts wird noch auf einen wichtigen Faktor eingegangen, der Ihre Außenwirkung und die Art und Weise, wie Sie auf Ihre Mitmenschen wirken, zu einem beachtlichen Teil mitbestimmt: **Ihr äußeres Erscheinungsbild**. Was zählt Ihrer Meinung nach eigentlich alles zu dieser Thematik? Ist es nur Ihr Körperbau? Zählt auch Ihr Modestil dazu? Wie denken Sie darüber?

Im Allgemeinen werden zum äußeren Erscheinungsbild Ihre körperliche Statur, Ihr Modestil, die Haarstruktur, Ihre persönlichen Accessoires und der Zustand Ihrer Haut gezählt.

Vor allem bei den Themen **Karriere** oder **Partnerwahl** wird das Äußere immer wieder zum Mittelpunkt sämtlicher Diskussionen. Überall hört man immer wieder das Vorurteil, dass attraktivere Menschen einen Wettbewerbsvorteil hätten und schneller den Traumjob beziehungsweise den Partner fürs Leben ergattern können. Doch ist das immer so? Wie stehen Sie zu dieser These? Fakt ist jedenfalls: Wer sich um sein Äußeres kümmert und sich regelmäßig pflegt, fühlt sich pudelwohl in seiner Haut und strahlt dies auch nach außen hin aus. Daher ist es wichtig, dass Sie sich **regelmäßig Pausen** gönnen und Ihrem Körper genügend Aufmerksamkeit schenken. Wie wäre es denn mal wieder mit einem Spa-Wochenende in Ihrem eigenen Badezimmer? Gönnen Sie sich ruhig eine Auszeit, um Ihr äußeres Erscheinungsbild mal wieder so richtig aufzupäppeln. Probieren Sie doch mal die folgende Anleitung aus. Vielleicht inspiriert Sie diese dazu, sich ein wenig Zeit zu nehmen und am nächsten Wochenende zu entspannen. Denn ein entspannter Körper und Geist beeinflussen das äußere Erscheinungsbild maßgeblich mit.

Tipps zum Aufbessern des Erscheinungsbildes durch ein Wohlfühl-Wochenende:

1. **Schlafen Sie mal wieder aus!** Das klingt vielleicht banal, kann aber schon der erste richtige Schritt sein, damit Sie sich erholt und fit fühlen. Außerdem beugen Sie so unschönen Augenringen vor und auch Ihre Haut kann sich wieder regenerieren. Sie werden spüren, wie Sie sich über den Tag verteilt wieder fitter und vitaler fühlen.

2. **Sorgen Sie für die richtige Wohlfühl-Atmosphäre!** Wenn Sie möchten, können Sie sich einen Diffuser besorgen und verschiedene ätherische Öle verwenden, um in Ihrem Heim für die optimale Stimmung zu sorgen. Eine besonders beruhigende Wirkung haben die Düfte mit Lavendel oder Sandelholz. Außerdem können Sie noch Entspannungsmusik in Ihrer Wohnung laufen lassen. So kann sich Ihr Nervensystem beruhigen und Sie können vom Alltagslärm abschalten.

3. **Lassen Sie sich ein Pflegebad ein!** Für die optimale Wirkung können Sie auch verschiedene Blütenblätter oder sogar Milch in Ihr Badewasser geben, um Ihrer Haut etwas Gutes zu tun. Auch Körperpeelings können die Regenerierung der Hautoberfläche unterstützen. Außerdem beugen Sie Mitessern vor und Unreinheiten werden sanft entfernt.

4. **Pflegen Sie Ihre Nägel!** Nehmen Sie sich Zeit für ein langes Fußbad und cremen Sie diese (optional) anschließend mit Ihrer Lieblingscreme ein. Lackieren Sie Ihre Fingernägel in einer Farbe, die Ihnen besonders gut gefällt, wenn Sie möchten. Wenn Sie die Möglichkeit haben, machen Sie doch einen Termin bei einem Kosmetikstudio und buchen Sie sich einen Termin für eine schöne Maniküre mit anschließender Pediküre.

5. **Kümmern Sie sich um Ihre Haare und nehmen Sie sich mal wieder die Zeit, um sie ausführlich zu pflegen.** Wählen Sie eine Pflegeserie, die zu Ihrer Haarstruktur passt, und verwenden Sie das dazugehörige Shampoo und den Conditioner. Bei Gelegenheit können Sie auch einen Termin bei einem Friseur vereinbaren. Dieser kann Ihnen einen peppigen neuen Haarschnitt geben, der Ihrem Typ entspricht.

6. **Achten Sie auf Ihre Ernährung!** Nehmen Sie sich vor, an diesem Wochenende auf Süßigkeiten oder andere schädliche Lebensmittel zu verzichten. Kochen Sie mit frischen Zutaten und leben Sie Ihre Kreativität ganz einfach in der Küche aus. Das hebt nicht nur die Stimmung, sondern sorgt auch für einen vitalen Organismus.

7. **Misten Sie Ihren Kleiderschrank aus und trennen Sie sich von Kleidungsstücken, die Sie wirklich nicht mehr benötigen.** Sie können Ihre aussortierten Teile zum Beispiel an eine Wohltätigkeitseinrichtung spenden. Um neuen Wind in Ihren Kleiderschrank zu lassen und den passenden Stil für sich zu finden, können Sie sich von einem Stylisten wertvolle Tipps einholen. Somit wählen Sie genau die Kleidungsstücke, die am besten zu Ihnen passen.

Wie Sie sehen, gehören viele wichtige Faktoren zu der nonverbalen Kommunikation. Diese bestimmen, wie Sie auf andere wirken und welchen ersten Eindruck Sie bei Ihren Mitmenschen hinterlassen. Auch wenn diese Form der Kommunikation im Großen und Ganzen unterbewusst abläuft, können Sie trotzdem mithilfe der richtigen Übungen eine ganze Menge dafür tun, um sich diesen inneren Anteilen bewusst zu werden und aktiv etwas an ihnen zu verändern.

Nachdem Sie nun wissen, wie Sie charismatischer auftreten können und sich Ihrer unbewussten Einflüsse während der Kommunikation bewusstwerden, erfahren Sie nun in der zweiten Säule, wie Sie Ihre Wörter so wählen können, dass Sie sympathisch kommunizieren und Ihren Mitmenschen durch die richtige Wortwahl zu mehr Selbstvertrauen und Stärke inspirieren können.

SÄULE 2: POSITIVE SPRACHE

Jeden Tag prasseln unzählige Nachrichten auf Sie ein, die manchmal sogar beängstigend sein können. Überlegen Sie doch einmal kurz: Wie fühlen Sie sich, wenn Sie immer wieder mit negativen Aussagen konfrontiert werden?

Denken Sie einmal an die letzte Information zurück, die in Ihnen ein negatives Gefühl hinterlassen hat:

- Wie verlief Ihr restlicher Tag danach?
- Waren Sie motivierter oder mussten Sie sich ganz schön anstrengen, um die alltäglichen Aufgaben noch zu bewältigen, ohne ständig an diese eine Nachricht zu denken?

Erinnern Sie sich dann z. B. an Ihre letzte Prüfungssituation oder eine Präsentation zurück:

- Wie haben Sie vorher mit sich selbst gesprochen?
- Haben Sie eher positiv oder negativ über sich selbst gedacht?
- Kreisten Ihre Gedanken eher darum, die bevorstehende Aufgabe nicht zu schaffen, oder waren Sie sehr optimistisch gestimmt und wussten, dass Sie diese Angelegenheit bewältigen werden?
- Wie waren Ihre Leistungen, als Sie davon überzeugt waren, die Aufgabe zu schaffen?
- Waren Sie eher besser oder schlechter?

Lassen Sie Ihre vergangenen Erfahrungen noch einmal Revue passieren und schreiben Sie Ihre Gedanken zu den Beispielen auf:

- Welche Erkenntnisse können Sie aus den Antworten der Fragen gewinnen?
- Was könnten Sie bei der nächsten stressigen Situation besser machen, damit Sie von vornherein positiver denken können, wodurch Ihre Stimmung konstant auf einem hohen Niveau bleibt?

Als Nächstes probieren Sie doch mal ein kleines Experiment aus:

Eigentlich möchten Sie jeden Morgen Sport treiben, doch bevor Sie mit der Trainingseinheit beginnen, sagen Sie sich dennoch immer wieder:

- „Ich schaff das nicht!"
- „Ich habe keine Lust auf Sport!"
- „Ich möchte lieber etwas anderes machen!"

Sagen Sie diese Sätze immer wieder auf, bevor Sie mit Ihren Übungen beginnen. Sie werden bemerken, wie Sie sich immer unmotivierter fühlen werden. Abhilfe kann in solchen Situationen durch positive Glaubenssätze geschaffen werden, die Ihnen das Gegenteil der oben aufgeführten Beispielsätze vermitteln sollen. Sie nehmen sich also nun vor, die negativen Aussagen durch positive zu ersetzen. Am nächsten Tag wiederholen Sie Ihre Sporteinheit ein zweites Mal, diesmal aber mit dem Unterschied, dass Sie sich kurz vorher immer wieder positive Affirmationen sagen.

So können Sie innerlich immer wieder folgende Sätze wiederholen:

- „Ich freue mich heute schon auf mein Training!"
- „Danach fühle ich mich ausgeglichen und vital."
- „Wenn ich das Workout durchziehe, werde ich bis zum Sommer meine Traumfigur erreicht haben."

Anschließend schnappen Sie sich Stift und Zettel und schreiben Ihre derzeitigen Gedanken und Gefühle (sowohl vor als auch nach dem Workout) nieder:

- Was fällt Ihnen auf?
- An welchem Tag haben Sie die beste Leistung vollbracht?

→ *War es eher der Tag, an dem Sie negativ mit sich selbst gesprochen haben, oder der Tag, an dem Sie eher die positiven Affirmationen gewählt haben?*

Schreiben Sie alle Erkenntnisse nieder. Was können Sie daraus für Ihre zukünftigen Herausforderungen schließen? Sollten Sie kurz vor einer schwierigen Aufgabe eher auf eine positive Wortwahl achten oder ist es ratsam, negativ über sich selbst zu denken?

Fakt ist, dass Sie durch ein positiveres Mindset Ihre persönlichen Ziele viel leichter erreichen können.

Ein motivierendes inneres Selbstgespräch sorgt nicht nur für mehr Energie, sondern kann auch dazu beitragen, dass Sie dem Leben im Allgemeinen positiver gegenübertreten. Durch die neuen und motivierenden Selbstannahmen beginnen Sie langsam, von innen heraus zu strahlen, und schenken Ihren eigenen Fähigkeiten immer mehr Vertrauen. Durch die kraftspendenden inneren Glaubenssätze wird auch Ihre Selbstwahrnehmung in eine positivere Richtung gelenkt. Sie ist die Grundvoraussetzung dafür, dass Sie auch Ihre

Mitmenschen mit wohlwollenden Augen betrachten und sie positiver bewerten. Wer sich selbst liebt, kann auch andere lieben. In der Kommunikation mit anderen bedeutet dieser Grundsatz, dass es Ihnen leichter fällt, andere Personen von Ihrer Persönlichkeit zu überzeugen, sobald Sie von sich selbst überzeugt sind. Mit einem gesunden Maß an Selbstvertrauen ist es für Sie ein Kinderspiel, in den unterschiedlichsten Gesprächssituationen die richtigen Worte zu finden, die bei Ihrem Gegenüber positive Gefühle auslösen.

Halten Sie sich am besten an die folgenden goldenen Regeln, um sympathischer auf Ihr Umfeld zu wirken:

1. Zeigen Sie ehrliches Interesse an Ihrem Gegenüber. Dies bekommen Sie vor allem dann am besten hin, wenn Sie immer wieder offene Fragen stellen, die bei Ihrem Gesprächspartner den Redefluss ankurbeln sollen. Achten Sie bei dieser Fragetechnik darauf, dass Ihre Fragestellung nicht nur mit „Ja" oder „Nein" beantwortet werden kann. Wählen Sie Ihre Fragewörter so, dass Ihr Gesprächspartner mindestens mit einem Satz antworten muss. Lächeln Sie Ihren Gesprächspartner immer mal wieder verschmitzt an und zeigen Sie seinen Worten gegenüber eine offene Grundhaltung. Solange sich die andere Person bei Ihnen wohlfühlt, können Sie sich sicher sein, dass der Gesprächsfluss nicht so schnell abgebrochen wird.

2. Machen Sie Ihrem Gesprächspartner zwischendurch ehrlich gemeinte Komplimente. Fällt Ihnen beispielsweise auf, dass Ihr Gegenüber bei einer bestimmten Thematik über sehr viel Fachwissen verfügt, dann sagen Sie es ihm doch einfach mal offen und ehrlich. Durch den positiven Überraschungseffekt werden Sie bemerken, wie schnell sich die Gesprächsatmosphäre in eine positivere Richtung entwickelt.

3. Fragen Sie auch mal um Rat oder bitten Sie um Hilfe. Wenn Sie bemerken, dass Ihr Gesprächspartner Sie bei einer wichtigen Fragestellung unterstützen kann, zögern Sie nicht, nach seiner Meinung zu fragen. Sie bringen ihm dadurch den nötigen Respekt entgegen und Ihr Gegenüber wird sich von Ihnen gesehen und wertgeschätzt fühlen.

4. Benutzen Sie während des Gesprächs immer mal wieder den Namen Ihres Gegenübers. Dadurch fühlt sich Ihr Gesprächspartner beachtet und hat den Eindruck, von Ihnen wichtig genommen zu werden. Außerdem macht die wiederholte Verwendung des Namens das Kennenlernen persönlicher, wodurch sich schneller eine vertraute Verbindung entwickeln kann.

5. Haben Sie den Mut, auch mal eigene Fehler zuzugeben! Der offene Umgang mit Ihren persönlichen Fehltritten lässt Sie nicht nur sympathischer auf Ihre Mitmenschen wirken. Es zeigt auch, dass Sie es sich zutrauen, sich auch von Ihrer verletzlichen Seite zu zeigen. Dadurch wird es Ihnen leichter fallen, eine tiefere Verbindung zu Ihrem Gesprächspartner aufzubauen und ihn vielleicht sogar noch dazu zu inspirieren, selbst auch nicht immer so perfekt sein zu müssen.

6. Sobald Sie Gemeinsamkeiten bemerken, sprechen Sie diese offen und ehrlich an. Dadurch halten Sie nicht nur den Gesprächsfluss am Laufen, sondern geben Ihrem Gegenüber die Möglichkeit, sich während des Gesprächs für Themen zu entscheiden, die Ihnen beiden guttun, wodurch eine positive Konversation garantiert ist.

7. Zeigen Sie einer potenziellen neuen Bekanntschaft, dass sie sich auf Sie verlassen kann. Strahlen Sie am besten eine gewisse Vertrautheit aus, indem Sie zu geplanten Verabredungen immer pünktlich erscheinen und getroffenen Vereinbarungen stets fristgerecht zu- oder absagen. Dadurch erwecken Sie den Eindruck, dass auf Sie Verlass ist und Sie die Zeit Ihres Gegenübers genauso wertschätzen wie Ihre eigene.

8. Zeigen Sie sich von Ihrer großzügigen Seite! Dabei sind nicht nur kleine materielle Geschenke gemeint. Auch die Fähigkeit, während eines Gesprächs mal entspannt zu bleiben und nicht auf jede Kleinigkeit zu reagieren, die Ihnen negativ an Ihrem Gegenüber auffällt, zeugt von wahrer innerer Stärke und Größe!

9. Bleiben Sie ein bisschen mysteriös und offenbaren Sie nicht alles über Ihre Person oder Ihr Leben! Wie Sie in vorherigen Kapiteln bereits gelesen haben, kann Offenheit Sie dabei unterstützen, wichtige Türen zu öffnen und bei Ihren Mitmenschen einen positiven Eindruck zu hinterlassen. Jedoch sollten Sie nicht alles über Ihre bisherigen Erfahrungen preisgeben. Ein Hauch von Unwissenheit kann manchmal auch sehr anziehend und interesseweckend auf Ihr soziales Umfeld wirken.

Behalten Sie sich immer wieder vor Augen, dass die **bewusste Wahl positiver Formulierungen** in Ihrem sozialen Umfeld für kleine Wunder sorgen kann. Denn wer liebevolle Wörter zu hören bekommt, fühlt sich wahrgenommen und ist eher dazu gewillt, auch Ihnen gegenüber mehr Empathie auszustrahlen. Das verbessert nicht nur Ihre zwischenmenschlichen Beziehungen, sondern Sie tun damit auch Ihrer psychischen Gesundheit etwas sehr Gutes. Denn der Gebrauch positiver Sprache führt längerfristig gesehen zu **optimis-**

tischerem Denken. Optimisten gehen grundsätzlich davon aus, dass, egal, was in der Zukunft noch alles passieren wird, das Endergebnis letzten Endes gut sein wird. Diese innere Grundhaltung dem Leben gegenüber hat viele Vorteile, vor allem auch für Ihre körperliche Gesundheit, denn dauerhaftes positives Denken erhöht nicht nur Ihre gesamte Lebenserwartung, sondern macht Sie **vor allem in Stresssituationen resilienter und leistungsfähiger**. Optimistische Personen bevorzugen eher einen gesünderen Lebensstil, der aus gesunder Ernährung und regelmäßigen Sporteinheiten besteht.

Wer auf sich selbst achtet, fühlt sich viel besser und kann dadurch vor allem in beruflichen Kontexten viel leichter überzeugen.

Und jetzt mal ganz ehrlich: Welche Person liebt es nicht, mit einem Menschen zusammenzuarbeiten, der durch seine zahlreichen sowie kreativen Anregungen sein Umfeld zu Höchstleistungen motiviert und sein Charisma dafür einsetzt, um das Team zu inspirieren? Ein leidenschaftlicher Optimist weiß, dass **positive Sätze** in seinem Wortschatz nicht fehlen dürfen. Er weiß ganz genau, wie er seine Gedankengänge verändern muss, damit er seinen Fokus ausschließlich auf das Positive in seinem Leben richtet. Anstatt sich zu denken, „Oh nein! Ich habe heute erst zwei Stunden gearbeitet!", geht ihm nur der folgende Satz durch den Kopf: „Oh Ja! Ich habe bereits die Hälfte meiner Arbeit erledigt!" Wie fühlen Sie sich dabei, wenn Sie diese beiden Aussagen lesen? Welcher Gedanke treibt Sie dazu an, das Beste aus sich herauszuholen, und welcher trübt eher Ihre Stimmung? Um ein besseres Gefühl für den Unterschied zu entwickeln, sind Sie jetzt an der Reihe!

Formulieren Sie die folgenden Sätze so um, dass sie einen positiven Effekt auf Ihre Gefühlslage haben:
Davon habe ich keine Ahnung!
Oh Mist, ich bin schon wieder zu spät dran! Ich bekomme nie etwas hin!
Ich habe einen Fehler gemacht, den ich so schnell nicht wiedergutmachen kann!
Ich kann gar nichts.
Immer mache ich alles kaputt.

Welche positiven Umformulierungen fallen Ihnen zu den oben genannten Beispielen ein? Nehmen Sie sich ein paar Minuten Zeit, um die genannten Sätze zu stärkenden inneren Glaubenssätzen zu verändern.

Die neuen Aussagen könnten wie folgt lauten:
Ich weiß, wo ich mehr Informationen zu dem Thema herbekomme, und werde mich darüber informieren.
Ich bin genau pünktlich, um meine Aufgaben trotzdem noch zu schaffen. Das nächste Mal achte ich trotzdem besser auf die Uhr.
Ich kann jedes Problem beheben und ich erlaube es mir, auch mal einen Fehler zu machen. Schließlich ist kein Mensch perfekt.
Ich werde weiter lernen, um meine Fähigkeiten zu verbessern.
Auch wenn es einmal zu einem Konflikt kommt, kann man gemeinsam immer nach der besten Lösung suchen. Keiner trägt die alleinige Schuld.

Wie fühlen Sie sich bei diesen neuen Formulierungen? Spüren Sie, wie es Ihnen etwas leichter ums Herz wird? Eine **positive Grundhaltung und Selbstzusprache** kann Sie dabei unterstützen, vor allem in stressigen Situationen einen kühlen Kopf zu bewahren und stets Ihr Bestes zu geben. Denn wer positiv über sich selbst denkt, der kann auch viel empathischer und natürlich auch viel positiver mit seinem Umfeld kommunizieren. Haben Sie sich selbst angenommen und Ihren Wert erkannt, werden Sie auch im zwischenmenschlichen Kontakt immer wieder die richtigen Worte finden, um andere zu motivieren und innerlich aufzubauen.

Vor allem im Berufsleben sind die gestellten Anforderungen nicht immer leicht zu bewältigen. Da kann es auch mal schwierig werden, vor allem in **Konfliktsituationen** eine mitfühlende Ausdrucksweise zu wählen. Jedoch sollten Sie beachten, dass vor allem in Teamarbeiten der konstruktive Umgang mit möglichen Kritikpunkten sehr wichtig ist, damit das Arbeitsklima harmonisch bleibt und nicht unnötig zerstört wird. Doch wie können Sie die negativen Beobachtungen auf eine professionelle Art und Weise formulieren, ohne dabei eine andere Person zu kränken? Kritik ist selten angenehm und kann bei falschen Äußerungen auch zu Missverständnissen führen. Daher ist es bei **kritischen Reflexionsgesprächen** von großer Wichtigkeit, dass Sie die Kunst der **richtigen Feedbackübermittlung** erlernen und in der Praxis anwenden können. Im Folgenden finden Sie ein paar Anregungen, wie Sie vor allem kritische Bewertungen so formulieren können, dass sich Ihr Gegenüber nicht in seiner Person angegriffen fühlt und berechtigte Beanstandungen zur persönlichen Weiterentwicklung annimmt.

Tipps zur positiven Formulierung von Kritik:

1. **Benennen Sie die Problemsituation und den begangenen Fehltritt so genau wie möglich!** Wählen Sie dabei Wörter, die klar und genau das widerspiegeln, was Ihnen negativ aufgefallen ist, ohne sich dabei in zu vielen Erklärungen zu verlieren. Lassen Sie Ihrem Gegenüber aber immer die Möglichkeit, selbst zu der Problematik Stellung zu beziehen und seine Sicht der Dinge zu schildern. So kann ein **dynamischer Austausch auf Augenhöhe** stattfinden.

2. **Behalten Sie immer die verursachende Situation im Auge und analysieren Sie dabei alle Faktoren, die zu dem Problem geführt haben!** Auf Basis dieser Erkenntnisse bieten Sie Ihrem Gegenüber praktische Anregungen zur Veränderung an! Die Vorschläge beziehen sich dabei immer auf die **problematische Lage**, aber nicht auf die **Persönlichkeit** des Kritisierten!

3. **Geben Sie der Person mögliche Alternativen zur Bewältigung des Problems und überlegen Sie sich gemeinsam verschiedene Lösungswege!** So entsteht eine Vielfalt an Veränderungsmöglichkeiten, die Ihr Gegenüber bei der **konstruktiven Bewältigung** des auslösenden Konflikts unterstützen können.

4. **Formulieren Sie Ihre Kritik persönlich und wertschätzend. Damit legen Sie den Fokus auf sich und darauf, was Ihnen wichtig ist.** Somit fühlt sich der andere nicht übergangen und unwohl in der Kommunikation mit Ihnen. Ein sehr hilfreiches Tool, um empathisches Feedback zu formulieren, sind die sogenannten Ich-Botschaften. Diese ermöglichen es Ihnen, das erwünschte Verhalten zu offenbaren, ohne dabei die Person direkt anzugreifen. Bei der Formulierung der **Ich-Botschaft** können Sie das Augenmerk auch auf Ihre persönlichen Gefühle richten. Dadurch können Sie mögliche Konsequenzen des entstandenen Fehlverhaltens viel besser aufzeigen und Ihr Gegenüber auf einer **emotionalen Ebene** zum **Umdenken anregen**.

Mögliche Beispiele für gut formulierte Ich-Botschaften könnten sein:

a. Ich habe bemerkt, dass Sie gestern später zur Arbeit erschienen sind, wodurch das Meeting kurz unterbrochen wurde und ich den Vortrag pausieren musste. Das hatte mich kurz verärgert, weil ich sehr lange für die Vorbereitung brauchte. Sind Sie doch beim nächsten Mal einfach 10 Minuten eher da.

b. Ich habe beobachtet, dass Sie sich bei der letzten Teamsitzung mit Ihren Ideen sehr zurückgehalten haben. Das hat mich sehr verwundert, da ich Ihre Meinung sehr schätze. Trauen Sie sich bei der nächsten Besprechung doch wieder, mehr zum Gesprächsverlauf beizutragen, damit wir von Ihren kreativen Gedanken profitieren können.

c. Mir ist aufgefallen, dass Sie bei dem letzten Projekt die falschen Unterlagen eingereicht haben. Das hat den geschäftlichen Prozess sehr durcheinandergebracht und unsere Firma in ein falsches Licht gerückt. Ich fand das nicht in Ordnung und bitte Sie daher inständig darum, Ihre Dokumente noch einmal genau anzuschauen, bevor Sie sie einreichen.

Was fällt Ihnen bei diesen Formulierungen auf? Fühlen Sie sich persönlich angegriffen bei diesen Kritikpunkten oder können Sie die angesprochenen Mängel gut annehmen, weil Sie Ihnen ein halbwegs angenehmes Gefühl vermitteln? Die Vorteile bei der Verwendung von Ich-Botschaften sind, dass der Empfänger der Nachricht etwas über die **tatsächlichen Bedürfnisse des Senders** erfährt, was ihn noch einmal zum **Umdenken motivieren** kann. Außerdem bekommt der Kritisierte nicht den Eindruck, dass er sich in irgendeiner Form verteidigen muss, wodurch unnötige und kräftezehrende Diskussionen vermieden werden können.

Wie Sie sehen, ist der Einsatz von positiver Sprache im Alltag von großer Wichtigkeit. Denn es können nicht nur unnötige Konflikte im Keim erstickt werden, sondern Sie vermitteln Ihrem Gegenüber auch noch ein positives Gefühl in der Interaktion mit Ihnen. Dadurch sind Sie ein gern gesehener Gesprächspartner und können somit Ihr soziales Netzwerk kinderleicht ausbauen. Unterschätzen Sie daher nicht die Wirkungsweise positiver Sätze während eines Gesprächs. So können optimistische Worte eine andere Person dazu motivieren, das Beste aus sich herauszuholen und gute Leistungen zu erzielen. Mögliche Kritik kann besser angenommen werden und unschöne Streitgespräche kommen erst gar nicht zustande. Durch die gezielte Vermittlung positiver Gefühle werden Ihre Mitmenschen außerdem dazu angeregt, auch positiver zu denken, was durchaus auch positive Effekte auf die psychische Gesundheit haben kann. Denn durch die sensible Wortwahl fühlt sich Ihr Gegenüber gesehen und wertgeschätzt, wodurch sich auch Ihre eigene Sympathie in Ihrem Umfeld verbessert.

Durch die bewusste Wahl positiver Wörter wird eine respektvolle und harmonische Umgebung geschaffen, in der sich jeder Einzelne wohlfühlt und somit viele gute Ideen entwickelt werden können.

Säule 3: Effizienz

Kennen Sie diese Menschen, die in jeder Situation die richtigen Worte finden und somit Ihr Umfeld von ihrem Können kinderleicht und rasch überzeugen können? Es scheint so, als würde ihnen der Erfolg einfach zufliegen, weil sie einfach intuitiv wissen, welche Wörter sie wählen müssen, um sich gekonnt und effizient in Szene zu setzen. Wie schaffen diese Leute das nur?

Die gute Nachricht ist, dass Sie mit einem **gewissen Geschick**, dem **richtigen Wissen** sowie dem **zielgerichteten Gebrauch Ihrer Sprache** einflussreiche Personen von Ihren Ansichten überzeugen können. Sie müssen nur lernen, wie Sie sich und Ihre **Qualitäten effizient präsentieren** und überzeugend argumentieren.

Stellen Sie sich einmal vor, Sie sitzen in einem wichtigen Meeting und sollen gleich einen bedeutenden Geschäftspartner von Ihrem neuen Konzept überzeugen sowie begründen, weshalb Sie der geeignete Kandidat sind, um mit ihm zusammenzuarbeiten. Wie können Sie dabei nun am besten vorgehen? Die folgenden Tipps sollen Ihnen bereits erste Anregungen geben, wie Sie sich in einer solchen Situation, in der es darum geht, möglichst effizient zu kommunizieren, ausdrücken und verhalten können, um kompetent sowie professionell aufzutreten. Beachten Sie bei Ihrem nächsten Vortrag einfach die folgenden Punkte und Sie können Ihr Publikum leichter in einen Bann ziehen.

Tipps zum effizienten Argumentieren und Präsentieren:

1. Bereiten Sie Ihren Gesprächsleitfaden gründlich vor, wenn Sie das Thema bereits kennen.

Gliedern Sie Ihre Stichpunkte in Einleitung, Hauptteil und Schluss. Formulieren Sie Ihre Vorstellungen so klar wie möglich. Dies erleichtert es Ihnen, während der Präsentation überzeugend Ihren Standpunkt zu vertreten.

2. Achten Sie auf Beispiele und stützen Sie Ihre Thesen durch Belege!

Beachten Sie, dass jedes gute Argument aus einer Behauptung, mehreren Beweisen und mindestens einem Beispiel besteht, um als schlüssig und glaubhaft zu gelten.

3. Eine mögliche Aussage nach diesem Schema wäre:

Der ständige sowie falsche Gebrauch von *Social Media* zerstört die mentale Gesundheit von Jugendlichen, da sie sich mit den Schönheitsidealen identifizieren (BEHAUPTUNG). Das liegt daran, dass sich viele Menschen *Social-Media*-Stars als Vorbild nehmen und versuchen, ein ähnliches Aussehen zu erlangen (BEWEIS). So thematisiert „zdf heute“ im Jahre 2022 die dramatischen Folgen des falschen Instagram-Gebrauchs von Lara. Sie hatte durch verschiedene Diättipps auf der App mehrere Kilos Körpergewicht verloren, obwohl sie vor der Nutzung von Instagram normalgewichtig war. Somit rutschte sie in eine Magersucht, aus der sie sich aber mithilfe von verschiedenen Therapien wieder befreien konnte (BEISPIEL). Achten Sie immer wieder auf diese Reihenfolge. Denn somit werden Ihre Argumente handfester und sie fühlen sich sicherer dabei, Ihren Standpunkt zu einem bestimmten Thema selbstbewusst zu vertreten. Außerdem können Ihre Zuhörer Ihre Meinung besser nachvollziehen und gute Gegenfragen zu Ihrer These stellen.

Merken Sie sich:
Behauptung + Beweis(e) + Beispiel(e) = gelungenes Argument

4. Sie sollten auf mögliche Gegenargumente und knifflige Fragen Ihres Publikums auf jeden Fall vorbereitet sein. Somit zeigen Sie nicht nur Interesse für die Anmerkungen Ihrer Zuhörer, sondern Sie machen auch klar, dass Sie über kompetentes Fachwissen zu dem Thema verfügen. Bei Contra-Argumenten, mit denen Sie nicht übereinstimmen, sollten Sie auf eine empathische Formulierung Ihrer Bedenken achten. Üben Sie sich darin, an dem Argument der Person zumindest einen Punkt zu finden, mit dem Sie übereinstimmen. Äußern Sie dann aber Ihre Ansichten zu dem Thema, indem Sie beispielsweise Sätze verwenden wie: *„Ich stimme Ihrer Ansicht zum Teil zu, allerdings sollten Sie beachten, dass ..."* oder *„Mit Ihrer Äußerung haben Sie schon recht, aber vergessen Sie nicht, den Punkt XY zu berücksichtigen, welcher auch wichtig ist, um die Problematik besser zu verstehen."*

5. Nutzen Sie außerdem kraftvolle Metaphern und Vergleiche, um Ihre Argumentation lebhaft zu gestalten. Dies ruft ein bestimmtes Bild bei Ihren Zuhörern hervor und spricht ihre emotionale Seite an. So können Sie sehr gut die Wichtigkeit Ihrer Aussagen hervorheben, wodurch sich Ihre zu vermittelnde Message besser im Gedächtnis verankert.

6. Wenn Sie die Interessen Ihres Publikums kennen, können Sie außerdem mit kleinen Geschichten arbeiten, die passgenau an den Bedürfnissen des Publikums anknüpfen. Somit erschaffen Sie eine angenehmere Atmosphäre und Ihr Geschäftspartner fühlt sich auf einer sehr persönlichen Ebene angesprochen, wodurch ein lockerer Austausch fast schon garantiert ist.

7. Vermeiden Sie unnötige Ablenkungen. Wenn Sie beispielsweise verschiedene Medien nutzen wollen, um Ihr Gesagtes noch besser zu unterstreichen, dann achten Sie vor der Präsentation darauf, dass alle eingesetzten Materialien voll funktionsfähig sind und sofort genutzt werden können, sobald sie gebraucht werden. So beugen Sie möglichen Störungen während Ihres Vortrags effizient vor!

8. Achten Sie vor allem auf den Beginn und das Ende Ihrer Präsentation. Starten Sie zum Beispiel mit einem Video oder einem bekannten Zitat, um die Stimmung im Raum aufzulockern. Zum Schluss Ihrer Präsentation können Sie mit einem Appell arbeiten, um Ihren eigentlichen Standpunkt noch deutlicher zu machen und Ihren Zuhörern besser in Erinnerung zu bleiben.

9. Sprechen Sie möglichst frei und nutzen Sie lediglich einen Stichpunktzettel, wenn Sie Ihre Meinung nach außen hin vertreten möchten. Um die Präsentation möglichst lebendig zu gestalten, sollten Sie kein vollgeschriebenes Blatt nutzen. Trauen Sie sich ruhig, nur die wichtigsten Sachverhalte stichpunktartig zu formulieren. Dadurch wird Ihr Redefluss freier und Sie können bei der Argumentation selbst kreativer werden, weil nicht alles vorgeschrieben ist.

10. Vermeiden Sie nervige Füllwörter für einen flüssigeren Redefluss! Versuchen Sie, sich ständig wiederholende Ausdrücke wie „ähm" oder „also" zu vermeiden. Sie wirken nicht nur äußerst unprofessionell, sondern sorgen im schlimmsten Fall sogar noch dafür, dass Sie die Aufmerksamkeit Ihres Publikums verlieren. Daher sollten Sie darauf achten, diese Füllwörter erst gar nicht in den Mund zu nehmen. Sollten Sie bemerken, dass Sie diese Wörter dennoch benutzen, halten Sie lieber kurz inne und machen Sie eine Sprechpause. Somit wirken Sie allgemein selbstsicherer.

11. Versuchen Sie am besten von Anfang an, Ihr Sprechtempo sowie Ihre Lautstärke zu variieren. Erheben Sie bei besonders wichtigen Punkten Ihrer Präsentation die Stimme, um zu suggerieren, dass Ihnen dieser Sachverhalt besonders am Herzen liegt. Spielen Sie ruhig mit der Tonhöhe, um den Spannungsbogen Ihres Erzählten zu verdeutlichen und die Aufmerksamkeit der Zuhörer auf einem effizienten Niveau zu halten. Damit Ihr Publikum die zu vermittelnden Inhalte noch besser verstehen kann, achten Sie auf angemessene Pausen, sodass die Zuhörenden genügend Zeit bekommen, wichtige Sachverhalte besser zu verstehen und gegebenenfalls noch einmal auf Ihrer Folie nachlesen zu können.

12. Spielen Sie mit Ihrem Publikum und beziehen Sie es in die Präsentation ein. Stellen Sie Verständnisfragen an passenden Stellen oder regen Sie einen Austausch untereinander an, indem Sie einzelnen Zuhörern die Möglichkeit bieten, über eigene Erfahrungen zum Thema zu sprechen. Eine weitere gute Idee, um Ihr Publikum mitzureißen und in den Bann zu ziehen, wäre das Mitbringen von Anschauungsmaterial, welches Ihren Vortrag noch unterstreicht. Somit wird Ihr Gesagtes noch verständlicher sowie greifbarer für Ihre Teilnehmer.

13. Erstellen Sie während des Vortrags mit dem Publikum ein gemeinsames Tafelbild zum besprochenen Thema. Nutzen Sie dafür am besten das Whiteboard. So können Sie während eines Brainstormings rasch alle gesammelten Begriffe niederschreiben. Die Teilnehmer sind live dabei, während vor ihren Augen ein völlig neues Bild entsteht. Durch die aktive Teilhabe am Geschehen bleibt das neu erschaffene Ergebnis viel länger in den Gedanken haften.

Wie Sie sehen, gibt es viele Varianten, um eine Präsentation lebendiger zu gestalten und Ihre fachspezifischen Argumente zielgenau zu vermitteln. Nun kommt es bei so einer Präsentation nicht selten zu einer regen Diskussion, während der Sie mit vielen Fragen zum Thema konfrontiert werden. Eine **schlagfertige Wortwahl** ist in diesem Fall unumgänglich, um Ihre Meinung effizient zu verteidigen. Doch wie genau können Sie schlagfertig auf die angebrachten Gegenargumente Ihrer Zuhörer reagieren, ohne dabei eingeschüchtert zu wirken? Eine knifflige Frage kann manchmal schon dafür sorgen, dass Sie ins Stocken geraten können. Damit Ihnen das nicht passiert und Sie sich vor einer anstehenden Präsentation möglichst sicher fühlen können, finden Sie nun in diesem Buch viele wertvolle Tipps, die Ihnen dabei helfen sollen, auf unangenehme Anmerkungen sofort und kompetent reagieren zu können. Probieren Sie doch einmal während Ihrer nächsten Debatte die nachfolgenden Punkte aus, um sich gegen unangenehme Äußerungen konsequent wehren zu können.

Vorschläge zur Verbesserung Ihrer Schlagfertigkeit:

1. Stellen Sie eine Gegenfrage! Wenn Sie von einer anderen Person verbal attackiert werden, können Sie auf diese Aussage mit einer Frage reagieren. Somit kommt der Angreifer in Erklärungsnot und muss auf Ihre Fragestellung schnellstmöglich eine adäquate Erklärung finden. Somit bekommen Sie noch etwas mehr Zeit, um sich gedanklich bessere Argumente durch den Kopf gehen zu lassen.

2. Wandeln Sie den Angriff in ein Kompliment um! Sie können auf Beleidigungen auch sehr geschickt reagieren und auf eine Art und Weise, mit der Ihr Gegenüber überhaupt nicht rechnet. Sobald Sie eine unangemessene Äußerung an den Kopf geworfen bekommen, reagieren Sie prompt, indem Sie das Gesagte in etwas Positives umwandeln. Wird Ihnen beispielsweise gesagt, dass Sie heute besonders müde aussehen, kontern Sie einfach gekonnt, indem Sie den folgenden Satz erwidern: „Oh, vielen Dank, dass du mich daran erinnerst, heute wieder einen kleinen Beauty-Day zu machen. Meine Augenpads liegen schon zur Anwendung bereit. Das wird heute ein schön entspannter Feierabend." Somit nehmen Sie Ihrem Gesprächspartner den Wind aus den Segeln und verhindern somit, dass er Sie noch weiter belästigt.

3. Stimmen Sie manchen Aussagen einfach zu! Anstatt auf Verteidigungshaltung zu gehen, kontern Sie einfach geschickt, indem Sie der Bemerkung Ihres Gegenübers zustimmen. Das zeugt nicht nur von einem großen Selbstwertgefühl, sondern kann auch unnötige Streitigkeiten im Sand verlaufen lassen. Schließlich gibt es wichtigere Dinge, als sich über belanglose Aussagen unnötig den Kopf zu zerbrechen. Wenn Sie beispielsweise von jemandem zu hören bekommen, dass Sie zu dick seien, winken Sie die Aussage einfach ab, indem Sie antworten: „Ja, in letzter Zeit war die Schokolade einfach wieder zu lecker und ich konnte nicht widerstehen. Aber dafür habe ich mich für den nächsten Monat bereits im Fitnessstudio angemeldet!" Somit verliert die Beleidigung Ihre Kraft und die Aussage versinkt einfach ins Bodenlose.

4. Verpassen Sie Ihrem Gegenüber eine geeignete Retourkutsche! Zugegebenermaßen sorgt diese Strategie wohl für den meisten Spaßfaktor, jedoch sollten Sie in Ihrer eigenen Persönlichkeit bereits gut gefestigt sein, um auf diese Art und Weise auf eine unangebrachte Aussage zu reagieren. Nun wenden Sie nämlich das Gesagte gegen Ihren Angreifer, indem Sie aus der Beleidigung einen völlig neuen Satz formulieren. Stellen Sie sich vor, Ihr Gegenüber verwendet den folgenden Satz, um Sie gezielt zu kränken: „Wenn ich so lange mit der Arbeit brauchen würde wie Sie, wäre ich nächstes Jahr noch nicht fertig!" Daraufhin könnten Sie antworten: „Wenn ich so lange mit der Arbeit brauchen würde wie Sie, würde ich wohl niemals zu einem Ende kommen!" Seien Sie aber bei dieser Technik besonders vorsichtig, denn nicht jede Person hat Humor und sie wird daher von vielen Personen als unangemessen empfunden.

Im Allgemeinen gilt bei der Verwendung von Kontersprüchen die Devise, sie clever in den passenden Situationen einzusetzen, aber dabei **nicht beleidigend** zu werden – das ist die hohe Kunst. Behalten Sie im Hinterkopf, dass nicht jeder positiv darauf reagiert.

> Benutzen Sie daher die Schlagfertigkeitsstrategien äußerst sparsam und nur bei Personen, bei denen Sie sich vollkommen sicher sein können, dass ein paar kleine Wortspiele nicht zu Ihrem Nachteil ausgelegt werden können.

Damit Sie effizienter kontern können, brauchen Sie auch einen ausgeprägten Wortschatz. Im Durchschnitt kann ein erwachsener Mensch in verschiedenen Konversationen auf bis zu 16.000 Wörter zurückgreifen. Im Allgemeinen lautet die Devise: Je mehr Ausdrücke Sie kennen und Ihnen bewusst sind, desto wortgewandter können Sie anderen Personen gegenübertreten und desto detailreicher können Sie Ihre Ansichten darlegen. Aus diesem Grund ist es ein großer Vorteil, wenn Sie sich aktiv damit beschäftigen, Ihre persönliche Lexik zu erweitern. Im Folgenden finden Sie einige Anstöße und Übungen, die Sie dabei unterstützen können, Ihren aktiven Wortschatz maßgeblich aufzustocken.

Tipps zur adäquaten Erweiterung Ihres Wortschatzes:

1. Fernsehen und Videos schauen mal anders: Wenn Sie mal wieder die Zeit dazu finden und sich dazu entschließen, einen gemütlichen Fernsehabend zu genießen, oder wenn Sie sich im Internet verschiedene Videos ansehen, dann probieren Sie doch währenddessen mal etwas ganz Neues aus! Schnappen Sie sich einen Zettel sowie einen Stift und notieren Sie sich Wörter, die Sie zuvor noch nie gehört haben. Erstellen Sie eine kleine Tabelle oder sogar eine Mindmap mit den dazugekommenen Wörtern. In einer freien Minute können Sie sich diese immer wieder durchlesen und somit Ihren Wortschatz effizient ausbauen.

2. Lesen Sie Bücher, die Sie zuvor noch nie gelesen haben! Entscheiden Sie sich doch mal für einen neuen Autor oder ein komplett anderes Genre. Wählen Sie bewusst Literatur, die sich von Ihren bisherigen Lesegewohnheiten stark unterscheidet. Wenn Sie zuvor viele Liebesromane gelesen haben, probieren Sie doch mal einen Thriller aus. Außerdem gibt es heutzutage viele gute Autoren auf dem Markt. Bei Ihrem nächsten Bucheinkauf können Sie mal ein Buch von einem Autor in Betracht ziehen, dessen Name Sie zuvor noch nie gehört haben. So lernen Sie auch verschiedene Schreibstile kennen und können somit auf längere Sicht besser einschätzen, welche Lektüre am besten zu Ihren Lesebedürfnissen passt. Auch Klassiker können hilfreich sein! In jenen finden Sie beispielsweise Wörter, die zwar etwas *archaischer* erscheinen mögen, aber dennoch einen guten Eindruck machen können.

3. Stellen Sie Ihrem Gegenüber Verständnisfragen. Wenn Sie mal eine Thematik nicht so gut verstanden haben, scheuen Sie sich nicht davor, bei Personen nachzufragen, die sich genau mit diesem Themengebiet auskennen. Integrieren Sie das neu erworbene Wissen in Ihren Alltag und nutzen Sie die neuen Anregungen, um sich mit dieser Thematik immer weiter auseinanderzusetzen.

4. Kommunizieren Sie mit den unterschiedlichsten Menschen. Wenn sich Ihnen eine passende Gelegenheit bietet, sollten Sie immer wieder jegliche Chancen nutzen, um mit den verschiedensten Menschen in Kontakt zu kommen. Was haben sie alles zu erzählen bzw. was hat sie am meisten geprägt? Profitieren Sie von den Lebenserfahrungen der Personen, indem Sie nicht nur Ihren Wortschatz erweitern, sondern das Leben auch aus verschiedenen Blickwinkeln kennen lernen.

5. Recherchieren Sie nach Synonymen von Wörtern, die Sie am häufigsten im Alltag verwenden. Erstellen Sie am besten eine Mindmap, um die gefundenen Wörter besser zu visualisieren, damit Sie sich diese besser in Ihrem Gedächtnis einprägen können. So wird nicht nur Ihre Kreativität gefördert, sondern auch Ihr Wortschatz aktiv erweitert.

6. Finden Sie nun zu den Begriffen die passenden Gegenteile! Jeder Begriff hat ein Wort, welches das komplette Gegenteil beschreibt. Finden Sie diese Ausdrücke und fügen Sie sie Ihrer Mindmap hinzu.

7. Suchen Sie im Internet nach gezielten Wortschatzübungen oder kaufen Sie sich ein entsprechendes Buch! Es gibt viele verschiedene Formen dieser Übungen. Wählen Sie einfach Wortschatzspiele aus, die Ihren Interessen entsprechen. Als besonders geeignet gelten Scrabble oder Kreuzworträtsel. Oder werden Sie doch einfach selbst kreativ und schreiben Sie Ihre eigene Geschichte beziehungsweise verabreden Sie sich mit Ihren Freunden und schreiben Sie gemeinsam eine lange Geschichte. Eine Person beginnt mit dem Schreiben und die anderen müssen das Schreiben fortführen. Beenden Sie das Spiel, sobald sie eine gut ausformulierte Geschichte vor sich liegen haben.

8. Schreiben Sie Ihr eigenes Tagebuch, eröffnen Sie einen eigenen Blog oder legen Sie endlich los und schreiben Sie Ihren eigenen Roman! Kreatives Schreiben beflügelt nicht nur Ihre Kreativität, sondern sorgt auch noch dafür, dass Sie ein besseres Gefühl für den Sprachgebrauch erlangen. Da Sie viel Zeit in die Ausformulierung der Sätze investieren, können Sie außerdem selbstständig nach vielen neuen Wörtern recherchieren, die Ihren eigenen Sätzen das gewisse Etwas vermitteln.

9. Lernen Sie eine neue Sprache! Gibt es eine bestimmte Sprache, die Sie schon seit Jahren unbedingt lernen wollten? Dann zögern Sie nicht, sich bei einem Sprachkurs anzumelden. Das Erlernen einer neuen Sprache unterstützt nicht nur Ihre interkulturellen Fähigkeiten, sondern bietet Ihnen auch noch die Möglichkeit, sich mit den Besonderheiten einer anderen Sprache einmal intensiv auseinanderzusetzen. Vergleichen Sie doch mal die Struktur dieser Sprache mit Ihrer Muttersprache. Fallen Ihnen vielleicht irgendwelche Gemeinsamkeiten auf? Was könnte vielleicht auch eine Herausforderung sein, diese neue Sprache zu lernen? Mit welchen Schwierigkeiten haben vielleicht Personen zu kämpfen, die versuchen, Ihre Muttersprache zu erlernen? Nehmen Sie sich doch einfach mal die Zeit und ziehen Sie gewisse Schlüsse aus Ihren Erkenntnissen. Diese Aufgabe kann Ihnen außerdem einen völlig neuen Zugang zur eigenen Sprache ermöglichen und Sie auch für die Gepflogenheiten anderer Sprachen sensibilisieren.

Nun haben Sie einige Beispiele bekommen, um aktiv an Ihrer Wortschatzerweiterung zu arbeiten. Welche Tipps werden Ihnen im Alltag am meisten helfen? Welche Übung ist am besten dafür geeignet, dass Sie schlagfertiger auf Ihr Umfeld reagieren können? Wenn Sie diese Anregungen umsetzen, werden Sie bestimmt sehr rasch bemerken, dass Sie nun besser dazu in der Lage sind, wortgewandter auf Ihr soziales Umfeld zu reagieren. Dadurch wird es Ihnen leichter fallen, sich bei Ihren Mitmenschen den nötigen Respekt zu verschaffen sowie selbstbewusster während hitziger Diskussionen aufzutreten.

Nun haben Sie bereits sehr viel über die ersten drei Säulen der Kommunikation gelesen und viel Neues dazugelernt. Zum Abschluss dieses Kapitels wird nun noch der soziale Einfluss auf Ihr Kommunikationsverhalten analysiert. Sie werden erfahren, wie Sie empathischer auf Ihr soziales Umfeld reagieren können und durch die richtigen Kommunikationstools eine vertrauensvolle Beziehungsbasis zu Ihren Mitmenschen aufbauen.

Säule 4: Soziale Faktoren

Nichts prägt Ihren persönlichen Kommunikationsstil so sehr wie der Einfluss Ihres sozialen Netzwerkes. Die ersten Bezugspersonen, die dafür verantwortlich sind, dass Sie überhaupt sprechen können, sind Ihre Eltern. Sie bringen Ihnen in Ihren ersten Lebensjahren die Grundlagen der zwischenmenschlichen Interaktion sowie Kommunikation bei. Doch nicht nur das. Ihr Elternhaus bestimmt maßgeblich mit, wie gut Sie mit anderen Personen in Interaktionen treten können und welche Worte Sie dabei wählen. Durch Ihre frühkindlichen Kommunikationserfahrungen wurde nicht nur Ihre heutige Wortwahl mitbeeinflusst, sondern auch die Art und Weise, wie Sie Ihre Sätze betonen oder wie geschickt Sie auf mögliche verbale Angriffe reagieren können. Haben Ihre Eltern Ihnen beispielsweise konstant ein positives Gefühl während der Interaktion vermittelt, wird es Ihnen heute um einiges leichter fallen, in sozialen Situationen über genügend Selbstvertrauen zu verfügen, um Ihren Standpunkt klar und deutlich zu kommunizieren.

Hatten Sie jedoch ein Familienleben, in dem kaum miteinander interagiert wurde oder die Kommunikation von vielen negativen Anschuldigungen und Konflikten geprägt war, kann es sein, dass Sie sich heute kaum trauen, Ihre Stimme zu erheben und Ihrem Umfeld klar zu verdeutlichen, wo Ihre persönlichen Grenzen liegen. Die positive Nachricht ist, dass Sie durch die Bewusstheit Ihrer Kommunikationsprobleme sowie konsequentes Training noch sehr viel gegen Ihre möglichen Kommunikationsblockaden tun können, wenn Sie es wirklich wollen. Die weitaus wichtigste Eigenschaft, um Ihre Kommunikationsfähigkeit zu verbessern, ist die Empathie. Ein gesundes Maß an Einfühlungsvermögen hilft Ihnen dabei, sich in andere Menschen hineinzuversetzen und Verständnis für die unterschiedlichsten Lebenserfahrungen aufzubringen. Wenn Sie ein sehr mitfühlender Mensch sind, fällt es Ihnen wahrscheinlich ausgesprochen leicht, die Körpersprache Ihres Gegenübers genau zu interpretieren. Sie beobachten ganz genau die Mimik, Gestik und den Tonfall Ihres Gegenübers und können so Rückschlüsse auf die Gefühlswelt des anderen ziehen.

Sie haben ein präzises Gespür dafür, wie es Ihrem Gesprächspartner geht, weshalb Sie auch immer die richtigen Worte finden, um Ihre Freunde und Familienmitglieder während schwieriger Lebensphasen aufzubauen. Sie zeigen Verständnis für die Ansichten Ihrer Mitmenschen, indem Sie andere Meinungen respektieren und nicht bewerten. Sie nehmen stets Rücksicht darauf, die Gefühle des Gesprächspartners nicht durch eine falsche Wortwahl zu verletzen. Immerhin wünschen Sie sich genauso viel Respekt von Ihrem Umfeld.

Tipps, um Ihre Empathiefähigkeit noch weiter zu verbessern und aufzubauen:

1. Beseitigen Sie mögliche Vorurteile gegenüber Ihren Mitmenschen! Ansonsten könnte es passieren, dass Sie die Personen in Ihrem Umfeld falsch einschätzen, was zu unnötigen Konflikten führen könnte. Halten Sie sich bestenfalls vor Augen, dass jeder Mensch seine ganz individuelle Biografie hat und auf Grundlage dieser seine eigenen Lebensentscheidungen trifft. Mögliche Reibungspunkte haben also selten etwas mit Ihnen zu tun, sondern es schwingen auch immer noch die eigenen Erfahrungen einer Person unbewusst in ihren Aussagen mit.

2. Hinterfragen Sie daher stets das Verhalten Ihres Gesprächspartners. Somit können sie ihn und seine Hintergründe besser nachvollziehen. Trauen Sie sich ruhig, die Person auf Ihre Beobachtungen anzusprechen. Achten Sie allerdings darauf, dass Ihre Formulierungen nicht zu vorwurfsvoll klingen. Stellen Sie zum Beispiel die folgenden Fragen:

a. Können Sie mir kurz erklären, warum das für Sie so wichtig ist?

b. Warum empfinden Sie diese Entscheidung als die richtige?

c. Warum wählen Sie gerade diese Vorgehensweise, um das Problem zu lösen?

3. Lernen Sie auch Ihre eigenen Gefühle besser kennen! Sobald Sie Ihre eigenen Gefühle richtig einordnen können, fällt es Ihnen automatisch leichter, die emotionalen Beweggründe Ihres Gesprächspartners zu verstehen. Beobachten Sie also über den gesamten Tag verteilt Ihre eigenen Gefühle. Was sind die genauen Auslöser Ihrer Gefühlsregungen? Welche Emotionen spüren Sie vordergründig und fast jeden Tag? Sind es eher positive oder negative Empfindungen? Was sind die Gründe für Ihre negativen Emotionen? Eine ausgiebige Analyse Ihrer eigenen Gefühlswelt kann Sie dabei unterstützen, die gefühlsmäßigen Hintergründe anderer Personen besser zu verstehen. Daher ist dieser Schritt essenziell, wenn Sie Ihre Empathiefähigkeit auf ein neues Level anheben wollen.

4. Beobachten Sie Ihr Umfeld und zeigen Sie ehrliches Interesse an Ihren Mitmenschen! Damit Sie ein besseres Gefühl für die Verhaltensweisen Ihrer Mitmenschen bekommen, fangen Sie doch einfach mal an, sie bewusst zu beobachten. Setzen Sie sich in ein Restaurant oder in ein Café und schauen Sie sich die Leute um Sie herum an. Was machen Sie? Wie ist ihre Körpersprache? Es gibt so viele Punkte, die Sie sich genauer anschauen könnten. Überlegen Sie sich einmal, warum die Menschen so reagieren. So wird es Ihnen mit der Zeit immer leichter fallen, die Emotionen Ihrer Mitmenschen richtig einschätzen zu können.

5. Beachten Sie den Unterschied zwischen aufrichtigem Mitgefühl und Mitleid! Wie Sie aus den Wörtern wahrscheinlich schon ableiten können, bedeutet Mitgefühl, die Emotionen einer anderen Person nachempfinden zu können, während Mitleid suggeriert, dass Sie nur das Negative an einer Situation sehen und dadurch nicht in der Lage sind, die richtigen Lösungsansätze zu finden. Achten Sie daher auf eine gesunde Distanz zu Ihrem Gegenüber. Zeigen Sie Verständnis für die Emotionen des anderen, aber leiden Sie nicht mit. Lernen Sie, bewusst die Gefühle des Gegenübers von Ihren eigenen Emotionen zu trennen. Somit können Sie auf eine gesunde Art und Weise mit den einströmenden Eindrücken umgehen.

6. Tauchen Sie in die unterschiedlichsten Rollen ein! Um selbst ein besseres Gefühl für Emotionen zu bekommen und zu lernen, wie man diese am besten ausdrückt, eignet es sich, wenn Sie über das nötige Selbstvertrauen verfügen und sich einer Theater-AG anschließen. Somit bekommen Sie die Möglichkeit, in verschiedene Rollen zu schlüpfen. Außerdem lernen Sie, wie man Emotionen am besten darstellen kann. Sie bekommen einen besseren Eindruck davon, welche Mimik und Gesten genutzt werden, um Gefühle auf Ihrem Gesicht sichtbar werden zu lassen.

Nun haben Sie einige Anregungen bekommen, um Ihre eigene Empathiefähigkeit zu trainieren und einen besseren Zugang zu Ihren Emotionen zu erhalten. Haben Sie einmal gelernt, mitfühlend mit sich selbst und Ihren Mitmenschen umzugehen, werden Sie sehr schnell bemerken, dass es Ihnen immer leichter fallen wird, während Gesprächen den Fokus auf Ihrem Gegenüber zu halten. Dies suggeriert dem anderen nicht nur ehrliches Interesse, sondern sorgt auch für eine harmonischere Gesprächsatmosphäre.

Ihr Gesprächspartner fühlt sich gesehen und mit seinen Belangen ernst genommen, wodurch Sie eine viel bessere Beziehung zu ihm aufbauen können. Eine gute Methode, um den Gesprächsverlauf in eine positive Richtung zu lenken und das zwischenmenschliche Miteinander zu verbessern, ist das aktive Zuhören. Durch diese Vorgehensweise können Sie den Gesprächsverlauf in eine positive Richtung lenken und sorgen aktiv dafür, dass sich Ihr Gesprächspartner gesehen und ernst genommen fühlt. Doch wie funktioniert diese Methode denn nun genau? Im Folgenden finden Sie einen kleinen Leitfaden, der Ihnen darüber Aufschluss geben soll, wie Sie Ihre Fähigkeit zum aktiven Zuhören weiter ausbauen können.

Leitfaden zum Erlernen des aktiven Zuhörens:

1. Beobachten Sie das Verhalten Ihres Gesprächspartners ganz genau. Das können Sie am besten tun, indem Sie sich nicht nur auf die Wortwahl Ihres Gegenübers konzentrieren, sondern auch die Körpersprache in Betracht ziehen. Wie setzt Ihr Gesprächspartner Mimik und Gestik ein und wie verändert sich die Miene während des Gesprächs? Damit Sie die Signale besser deuten können, achten Sie auf das richtige Maß an Blickkontakt. Somit können Sie die wichtigsten Anhaltspunkte erkennen, die Sie benötigen, um das Gespräch in die richtige Richtung zu lenken. Außerdem bekommen Sie ein besseres Gefühl dafür, an welchen Stellen des Gesprächs Sie zustimmend nicken sollten, damit Ihr Gesprächspartner weiß, dass Sie aufmerksam dem Gesprächsverlauf folgen. Haben Sie auch keine Angst davor, eine Pause zuzulassen, in der Sie sich einfach nur anschweigen und den Moment genießen. Das nimmt ihnen den Druck von den Schultern, die ganze Zeit über nur sprechen zu müssen. Manchmal kann eine kurze Verschnaufpause auch genau das Richtige sein, um die Gesprächsatmosphäre zu verbessern und zu einem späteren Zeitpunkt noch einmal in einer entspannteren Gemütslage über das Gesprächsthema zu debattieren.

2. Achten Sie darauf, die Aussagen Ihres Gegenübers genau zu verstehen! Damit Ihnen das besser gelingt, stellen Sie immer mal wieder Rückfragen, um den Standpunkt des anderen besser nachvollziehen zu können. Am besten eignen sich dafür offene Fragen, da Sie den Gesprächsfluss anregen und Sie somit mehr Informationen über die Ansichten des Partners generieren können. Beispiele für diesen Fragetypen wären:

1. Was genau hat denn zu diesem Missverständnis geführt?
2. Wie würden Sie das Problem beheben, wenn Sie eine zweite Chance bekommen würden?
3. Warum haben Sie in diesem Augenblick so gehandelt?

Wie Sie merken, können Sie durch diese direkten Fragen viel besser erkennen, was genau die Absicht oder der Wunsch Ihres Gegenübers ist, um ein bestimmtes Problem zu lösen. Außerdem erhalten Sie viel mehr Anhaltspunkte, die Sie immer mal wieder aufgreifen können, um den Gesprächsverlauf nicht zu unterbrechen.

3. Finden Sie auf der Basis der gesammelten Informationen die passende Antwort! Nutzen Sie die zahlreichen Impulse, die Sie während des Gesprächs erhalten haben, und formulieren Sie daraus eine empathische Gegenantwort. Dies gelingt Ihnen am besten, indem Sie die Emotionen des Gesprächspartners spiegeln. Dafür eignet sich vor allem die Methode der Verbalisierung. Bei dieser greifen Sie das Gesagte auf und fokussieren sich auf die herausgehörte Emotion. Ein Beispiel für dieses Vorgehen wäre:

Gesprächspartner A: Ich traue mich morgen gar nicht, das Referat zu halten. Ich bin sehr schlecht vorbereitet.

Gesprächspartner B: Sie haben also große Sorgen und Angst davor, etwas Wichtiges in Ihrer Präsentation vergessen zu haben.

Hier wird deutlich, dass der Gesprächspartner sich genau auf die wahrgenommene Emotion fokussiert. Wollen Sie jedoch eher die Sachebene einer Aussage aufgreifen, dann nutzen Sie doch die Vorgehensweise des Paraphrasierens, bei der Sie sich ausschließlich auf die Sachinformation der Antwort beziehen. Ein Beispiel für diese Methode wäre:

Gesprächspartner A: Ich traue mich morgen gar nicht, das Referat zu halten. Ich bin sehr schlecht vorbereitet.

Gesprächspartner B: Dann sollten Sie vielleicht noch einmal nach mehr Informationen zu dem Thema recherchieren und sich Ihr Erarbeitetes mehrmals durchlesen. Dann fühlen Sie sich bestimmt wohler und können die Inhalte selbstbewusster präsentieren.

Wie Sie merken, ist dieser Ansatz mehr an der Lösung orientiert und zielt auf die Verstandesebene ab. Er ist also dazu geeignet, die Fakten einer Aussage besser zu reflektieren. Welcher der beiden Varianten Sie letztendlich wählen, entscheiden Sie selbst und ist immer auch von der Situation abhängig. Achten Sie nur darauf, auf unnötige Belehrungen zu verzichten, um möglichen Konflikten effektiv vorzubeugen. Legen Sie Wert darauf, dass Sie die Aussagen Ihres Gegenübers auch wirklich verstanden haben, bevor Sie eine Antwort formulieren. Somit können Sie die Bedürfnisse Ihres Gesprächspartners besser nachvollziehen und empathischer darauf eingehen.

Ein empathischer Kommunikationsstil hilft Ihnen also nicht nur dabei, sympathischer auf Ihr Umfeld zu wirken, sondern sensibilisiert Sie zeitgleich für die unterschiedlichsten Beweggründe Ihrer Mitmenschen. Dadurch wird eine Atmosphäre der Gleichberechtigung, des Verständnisses und der Harmonie geschaffen. Ein friedlicher Austausch mit Ihrem sozialen Umfeld schafft nicht nur die Basis für gestärkte zwischenmenschliche Beziehungen, sondern ist auch noch förderlich für das eigene seelische Wohlbefinden. Also worauf warten Sie noch? Lassen Sie Ihre empfindsame Seite hervorscheinen und der soziale Erfolg ist Ihnen garantiert.

Grundlagen der Rhetorik

Was denken Sie? Was macht einen guten Redner aus? Welche Kompetenzen sollte er aufweisen, um sein Publikum von seinen guten Ideen zu überzeugen? Überlegen Sie sich Ihre Antworten sehr genau, denn sie sind ein guter Indikator dafür, in welche Richtung Sie Ihre eigenen Kommunikationsfähigkeiten weiterentwickeln sollten, um selbst ein charismatischer Kommunikator zu werden. Diese wichtige Kompetenz hilft Ihnen, vor allem im beruflichen Kontext bessere Leistungen zu erzielen. Denn Fakt ist: *Wer nicht weiß, wie er sich nach außen am besten in Szene setzen kann, wird schneller mit Problemen konfrontiert und weniger erfolgreich sein.* Von daher ist es immens wichtig, sich mit seiner eigenen Ausstrahlung und seinem Charisma einmal genauer auseinanderzusetzen und diese zu verbessern. Damit Sie in Ihre eigene Strahlkraft kommen, können Sie die folgenden Tipps beherzigen.

Tipps zur Verbesserung Ihrer eigenen Ausstrahlung:

1. Werden Sie zu einem lebensfrohen Menschen! Auch wenn das am Anfang noch schwierig sein könnte, da Sie vielleicht einige Traumata wegstecken mussten, können Sie sich mithilfe von Selbstreflexion und dem nötigen Willen aus den Ketten Ihrer Vergangenheit befreien. Die Belohnung für diese harte Arbeit ist auf jeden Fall sehr groß. Sie werden nicht nur zu Ihrer natürlichen Lebensfreude zurückfinden, sondern sich selbst mit Ihrer Geschichte mehr annehmen lernen. Diese Selbstannahme werden Sie dann nach außen ausstrahlen, wodurch Sie gleich viel sympathischer auf Ihr Umfeld wirken.

2. Behandeln Sie Ihre Mitmenschen so, wie Sie selbst auch behandelt werden möchten! Wenn Sie sich dieses Prinzip verinnerlichen, wird es Ihnen immer leichter fallen, die wahren Bedürfnisse Ihres Gesprächspartners zu erkennen und darauf entsprechend zu reagieren. Sie wirken empathischer und können so auf eine ganz einfache Weise eine wertvolle Vertrauensbasis zu Ihrem Gesprächspartner schaffen.

3. Vermeiden Sie Negationen und pessimistische Aussagen! Sie sorgen nur für Demotivation und bringen Sie im kommunikativen Austausch keinen Schritt vorwärts. Außerdem hat ständige Negativität einen erheblichen Einfluss auf Ihre Stimmung und die Ihrer Mitmenschen. Sie kann zu unnötigen Anspannungen und ständigen Konflikten führen. Verwenden Sie daher lieber die Tipps für die positive Sprachauswahl, die Sie bereits im vorherigen Kapitel gelesen haben.

4. Visualisieren Sie sich Ihren Erfolg, bevor er eintritt! So bekommen Sie immer mehr positive Energie und die Vorstellung Ihres Gelingens wird fest in Ihrem Unterbewusstsein verankert, weshalb die Chancen steigen, dass Sie Ihr Ziel auch wirklich erreichen werden.

5. Sorgen Sie in der Interaktion mit anderen für emotionale Nähe! Der bewusste Fokus auf Ihre verletzliche und empfindsame Seite kann Sie dabei unterstützen, engere Verbindungen zu Ihrem sozialen Netzwerk aufzubauen. Sprechen Sie in der Interaktion mit anderen bewusst die Emotionsebene an und spiegeln Sie Ihrem Gesprächspartner seine Gefühle. Das lässt Sie in einem anderen Licht erstrahlen, da es die meisten Menschen nur gewohnt sind, auf Ihrer Verstandesebene angesprochen zu werden, weshalb Sie Ihrem Gesprächspartner wahrscheinlich positiver im Gedächtnis bleiben werden.

Sie haben nun einige Anregungen an die Hand bekommen, um Ihre eigene Ausstrahlung und damit Ihr Wirken auf Ihre Mitmenschen konsequent zu verbessern. Halten Sie sich jedoch vor Augen, dass die Verbesserung Ihres Charismas nur der erste Schritt in die richtige Richtung ist. Der Weg zu einem passablen Kommunikator kann manchmal lang und steinig sein. Damit Sie sich besser inspirieren lassen können, was von einem wirklich guten Redner alles erwartet wird, finden Sie im Folgenden die Top-Qualitäten eines kompetenten Rhetorikers. Vielleicht möchten Sie sich davon inspirieren lassen und einige Tipps selbst in die Praxis umsetzen.

Welche Qualitäten benötigt ein kompetenter Redner, um seine Botschaft zielgenau zu vermitteln? Schauen wir uns dies einmal an:

1. Sie lieben es, zu organisieren. Eine gute Vorbereitung des Vortrags ist die halbe Miete, um Ihre Inhalte kompetent präsentieren zu können. Bringen Sie daher von vornherein eine solide Struktur in Ihre Themenschwerpunkte. Entscheiden Sie ganz genau, welche Punkte eher an den Anfang der Präsentation gehören und welche zum Schlussteil passen. Konzipieren Sie schon in Ihrer Vorbereitungsphase einen roten Faden, an dem Sie sich immer wieder orientieren können. Somit haben Sie sich einen guten Ankerpunkt geschaffen, der Ihnen Sicherheit gibt, wenn Sie sich während Ihres Vortrags verzetteln sollten.

2. Lassen Sie Ihre leidenschaftliche Seite aufleben! Damit Sie Ihr Publikum mitreißen können, sollten Sie vorab ein Thema wählen, für das Sie selbst Feuer und Flamme sind. Nur so gelingt es Ihnen, die Zuhörerschaft von Ihren Argumenten zu überzeugen und sie zum Umdenken anzuregen. Außerdem verhindern Sie damit, dass Ihr Publikum sich langweilt und mit den Gedanken abschweift. Wenn Sie selbst den Funken in sich entfachen können und für ein Thema brennen, wird es Ihnen um einiges leichter fallen, auch andere von Ihrem Enthusiasmus zu überzeugen.

3. **Seien Sie ehrlich und glänzen Sie mit Authentizität.** Jetzt mal ehrlich: Jeder von uns hat ein besonderes Gespür dafür, ob man gerade angelogen wird oder nicht. Das kennen Sie bestimmt auch. Sobald man das Gefühl hat, dass es jemand nicht ernst meint mit dem, was er sagt, dann schalten die meisten Menschen automatisch ab und widmen sich anderen Dingen. Sie schauen dann beispielsweise auf Ihr Handy oder spielen an einer Haarsträhne. Damit Ihnen so ein Szenario nicht passiert, bleiben Sie bei der Wahrheit und wählen Sie Argumente zu einem Thema aus, die auch wirklich das widerspiegeln, was Sie über einen Sachverhalt denken. Somit wird es Ihnen auch leichter fallen, bei möglichen Gegenfragen eine kompetente Antwort liefern zu können, da Sie zu hundert Prozent hinter dem stehen, was Sie sagen.

4. **Das Analysieren liegt Ihnen im Blut!** Bevor Sie auf die große Bühne gehen, sollten Sie genau wissen, vor wem Sie später stehen werden. Von daher ist eine gute Zielgruppenanalyse Pflicht, damit Sie sich einen Überblick über Ihre Zuhörer verschaffen können. Überlegen Sie sich daher vorab, zu welcher Altersgruppe Sie sprechen werden, welche Interessen Sie verfolgen und was sie möglicherweise von Ihrem Vortrag erwarten werden.

5. **Sie wissen ganz genau, wie Sie sich in Szene setzen können!** Sie haben einen sehr starken Charakter und kennen Ihre Stärken und Schwächen in- und auswendig. Dieses Selbstbewusstsein strahlen Sie auch nach außen hin aus, weshalb Sie sich den nötigen Respekt in Ihrem sozialen Umfeld verschaffen können. Sie lieben es, Ihr persönliches Wissen an andere weiterzugeben und ihnen somit zu helfen. Sie sind sich also auch völlig darüber im Klaren, in welchem Fachbereich Sie über das meiste Fachwissen verfügen und welches Problem Sie für Ihre Mitmenschen damit lösen können.

Nun haben Sie also einen ersten Einblick darin bekommen, was einen kompetenten Redner ausmacht und welche Kompetenzen er aufweisen sollte, um in Präsentationen glaubwürdig aufzutreten und seine Standpunkte selbstbewusst zu vermitteln. Sie haben erfahren, wie er seinem Publikum gegenübertreten muss, damit er seine Zuhörerschaft in den Bann zieht und einen bleibenden Eindruck bei seiner Zielgruppe hinterlässt. Als Nächstes werden Sie einen Überblick darüber bekommen, wie eine gute Rede im Allgemeinen aufgebaut ist und welche Inhaltspunkte in jedem erfolgreichen Vortrag ein absolutes Muss sind, um die Rede zum absoluten Erfolg zu führen.

Aufbau und Ablauf einer Rede

Die klassische Rede ist immer nach einem gleichen Schema aufgebaut. So verfügt jede gute Rede über eine Einleitung, einen Hauptteil sowie einen Schluss. Das Ziel fast jeder einflussreichen Ansprache ist, einen bestimmten Appell an das Publikum zu richten und es somit für ein ganz bestimmtes Thema zu sensibilisieren. Damit Sie eine Rede präsentieren können, die bei anderen auch einen bleibenden Eindruck hinterlässt, sollten Sie sich vorher ganz genau Gedanken darüber machen, was Sie mit Ihren Aussagen bei Ihren Zuhörern auslösen, welche Emotionen Sie also bei den anderen ansprechen möchten. Bereiten Sie beispielsweise gerade eine Präsentation zum Thema Umweltschutz vor, können Sie sich ganz genau überlegen, über welche Gefühle Sie Ihre Botschaften vermitteln möchten. Haben Sie sich beispielsweise für die Empfindung „Überraschung" entschieden, können Sie während des Vortrags immer mal wieder Wörter wählen, die bei Ihren Zuschauern allgemeines Erstaunen oder sogar einen kurzen Schockmoment auslösen. Außerdem lohnt es sich, wenn Sie sich in Ihrer Vorbereitungsphase einmal Gedanken zu den folgenden Fragestellungen machen:

1. Welche Personen befinden sich in Ihrem Publikum?
2. Was ist die Kernaussage Ihrer Rede?
3. Welchen allgemeinen Zweck verfolgen Sie mit Ihrer Rede?
4. Wie wollen Sie die Rede vortragen? Wollen Sie bestimmte Stilmittel verwenden, um Ihre Erzählungen lebendiger zu gestalten?

Nachdem Sie Ihre Gedanken zu jeder einzelnen Frage notiert und sich einen ersten Überblick über die wichtigsten Anhaltspunkte verschafft haben, können Sie nun mit der inhaltlichen Recherche für Ihre Präsentation beginnen. Gehen Sie dabei am besten wie folgt vor:

1. Suchen Sie in verschiedenen Medien nach Informationen, die zu Ihrem Thema passen. Nutzen Sie nicht nur das Internet, um Ihr Fachwissen aufzufrischen. Es lohnt sich auch, nach Literatur in der Bibliothek zu suchen und gezielt nach Fachliteratur, Zeitungsartikeln und Ratgebern Ausschau zu halten.

2. Grenzen Sie Ihre Suchwörter ein! Erstellen Sie sich am besten eine Übersicht über die aussagekräftigsten Stichwörter zu Ihrem Thema. Diese können Sie benutzen, um in der Fülle an Informationen nicht den Überblick zu verlieren und um Ihre Suche gezielt einzugrenzen. Dadurch sparen Sie sich nicht nur viel Zeit, sondern können die ganzen Informationen von Anfang an in eine übersichtliche Struktur bringen.

3. Wählen Sie seriöse Quellen! Achten Sie bei der Suche auf die richtige Qualität der Materialien. Schauen Sie nach Internetseiten und Büchern, die vertrauensvoll sind. Sollten Sie sich unsicher sein, bei welchen Medien Sie nachschauen können, fragen Sie doch einen Experten oder sehen Sie beim Transparency Report von Google nach, ob die Quelle vertrauenswürdig ist.

4. Prüfen Sie, wie aktuell Ihre Quelle ist! Achten Sie immer auf das Datum der Artikel. Am besten nutzen Sie für Ihre Rede nur Material, welches vor nicht mehr als zwei Jahren veröffentlicht worden ist. Somit sind Ihre Aussagen auf dem neuesten Stand und treffen den Zahn der Zeit.

Jetzt, wo Sie wissen, was Sie bei einer guten Recherchearbeit alles beachten sollten, können Sie im nächsten Schritt die wichtigsten Punkte aus Ihren Ergebnissen zusammentragen und für Ihre Rede nutzen.

Damit Sie Ihre Notizen besser ordnen können, beachten Sie am besten den gängigsten Aufbau einer Rede mit Einleitung, Hauptteil und Schluss. Schreiben Sie sich ganz genau auf, welche Informationen Sie in welchen Teil der Rede integrieren wollen. So haben Sie einen besseren Überblick über alle recherchierten Inhalte und können besser abschätzen, wie viel Zeit Sie für die einzelnen Passagen benötigen. Worauf es noch in den einzelnen Abschnitten ankommt, wird Ihnen im Folgenden erläutert.

DIE EINLEITUNG

Für Ihre perfekte Einleitung der Rede ist eigentlich nur eine einzige Frage von Bedeutung.

Wie können Sie Ihr Publikum am besten abholen und es von Anfang an von Ihrem Thema begeistern?

Für den idealen Einstieg kann es ratsam sein, den Fokus darauf zu legen, erst einmal die Aufmerksamkeit Ihres Publikums auf Sie zu richten. Dafür ist es natürlich essenziell, dass Sie zuvor an Ihrer persönlichen Ausstrahlung gearbeitet haben und wissen, wie Sie von innen heraus strahlen, um andere von Ihren Ansichten überzeugen zu können. Achten Sie auf eine offene Körpersprache, indem Sie die Handflächen nach oben halten und Ihre Arme ganz leicht nach vorne ausstrecken. Trauen Sie sich ruhig und nutzen Sie den gesamten Raum, den Sie zur Verfügung haben. Bleiben Sie in Bewegung und gehen Sie ruhig an passenden Stellen Ihres Vortrags im Raum hin und her. So gewinnen Sie etwas mehr Dynamik und das Publikum schweift mit seiner Konzentration weniger ab, da es damit beschäftigt ist, Ihren Positionsänderungen zu folgen. Nachdem Sie die Aufmerksamkeit der Personen generiert haben, können Sie nun damit fortfahren, sie für Ihr Thema zu sensibilisieren. Doch wie gelingt Ihnen das am einfachsten? Im Folgenden finden Sie ein paar gute Tipps, die Ihnen den optimalen Einstieg in Ihre Präsentation ermöglichen werden.

Inspirationen für den idealen Einstieg:

1. Eine ernsthafte Debatte! Beginnen Sie Ihren Vortrag mit einer sachlichen Aussage, die zum Nachdenken anregen soll. Achten Sie darauf, dass die These sehr aktuell ist, damit sich auch wirklich jeder Teilnehmer Gedanken dazu machen kann, da er mit dem Thema bereits konfrontiert wurde. Ein Beispiel für so eine Einleitung wäre: *„Laut einer Studie des Deutschen Zentrums für Hochschul- und Wissenschaftsforschung hat sich der Lehrermangel in Deutschland weiter verschlimmert, weshalb immer weniger Schüler eine solide Schulbildung genießen."* Dieser Einstieg ist nicht nur hochgradig aktuell, sondern er erregt auch die Aufmerksamkeit der Teilnehmer, weil die Feststellung auch sehr provozierend ist. Ein weiterer Vorteil dieses Themas ist, dass sich unterschiedliche Altersgruppen dazu äußern können, da jeder in Deutschland mehr oder weniger von diesem Problem betroffen ist – seien es die Schüler selbst, Lehrer, Erzieher oder anderes pädagogisches Personal. Aber auch Eltern und Großeltern können an dieser Debatte teilnehmen, da sie zumeist mindestens ein schulpflichtiges Kind betreuen.

2. Ein bisschen Spaß muss sein! Heutzutage hetzen wir nur noch von einem Termin zum nächsten und haben dabei das Wesentliche vergessen, nämlich einfach mal wieder herzhaft zu lachen. Machen Sie sich diese Erkenntnis zunutze, indem Sie einen humorvollen Einstieg in Ihre Rede wählen. Das hilft Ihnen nicht nur, das Eis zu brechen, sondern Sie haben gleichzeitig innerhalb weniger Sekunden die ganze Aufmerksamkeit auf sich gezogen. Vor allem sehr trockene Themen können so etwas aufgelockert werden und es herrscht eine entspanntere Atmosphäre im Raum, welche Ihnen auch noch das Lampenfieber nehmen kann. Starten Sie doch Ihre nächste Rede mit einem kleinen Witz oder einer Anekdote, so sind Ihnen ein paar Lacher sicher. Ein gutes Beispiel für diesen Einstieg wäre: *„Ich weiß zwar nicht, ob Sie nach meiner Rede klüger sein werden, aber was ich definitiv weiß, ist, dass wir alle danach ein Stück weit älter sein werden."* Nach so einem Einstieg wird es bestimmt Zuhörer geben, die zumindest ein kleines bisschen schmunzeln müssen. Sie werden schon sehen!

3. Ein wunderschönes Zitat! Jeder von uns kennt das eine oder andere Zitat von irgendeiner bekannten Persönlichkeit. Machen Sie sich das zunutze und wählen Sie für Ihren Einstieg eines, das die meisten Menschen kennen. So können Sie gleich zu Beginn eine kleine Diskussion starten und das Vorwissen Ihrer Zuhörerschaft aktivieren. Außerdem regen Zitate zum Nachdenken an und können den einen oder anderen sogar inspirieren.

4. Ein guter Reim erstickt Langeweile im Keim! Zugegebenermaßen wird dieser Einstieg selten genutzt, aber genau aus diesem Grund ist die Wahrscheinlichkeit sehr hoch, dass Sie mit Ihrer Botschaft besser im Gedächtnis bleiben werden. Natürlich brauchen Sie für einen einprägsamen Reim auch jede Menge Kreativität. Doch trauen Sie sich ruhig, einen eigenen Satz zu kreieren. Sie werden bestimmt einen passenden Reim formulieren können. Ein Beispiel wäre: *„Der richtige Umgang mit Ihren Finanzen erleichtert Ihnen auch das Ziehen der nötigen Bilanzen!"* Wie Sie merken, sind Ihren Ideen keine Grenzen gesetzt. Schnappen Sie sich also einen Zettel sowie einen Stift und lassen Sie die passenden Wörter nur so aus sich herausfließen.

5. Die Zeichen der Zeit! Es gibt Themen, die bestens dafür geeignet sind, einen Bezug zur Geschichte herzuleiten. Doch auch diese Form wird selten genutzt, da sie sich nur für wenige Fragestellungen so richtig eignet. Ein Beispiel dafür wäre dennoch: *„Schon im Mittelalter wusste man, dass man nur in guter Gesellschaft das Leben so richtig genießen kann!"* Ob es nötig ist, einen geschichtlichen Rückblick in Ihre Rede einfließen zu lassen, können Sie selbst entscheiden.

6. Die persönliche Anekdote! Halten Sie einen Vortrag zu einem Thema, mit dem Sie selbst schon persönliche Erfahrungen gesammelt haben? Dann bietet es sich auf jeden Fall an, diese in die Präsentation einzubinden. Das sorgt nicht nur für emotionale Nähe, sondern das Publikum bekommt auch noch die Möglichkeit, Sie besser kennenzulernen.

7. Spontanität zahlt sich aus! Manchmal bekommt man spontan einen Geistesblitz, der dafür sorgt, dass man ein lang gehegtes Problem auf einmal lösen kann. Hatten Sie auch schon einmal solche Momente? Machen Sie sich diese Fähigkeit zunutze und verwenden Sie für Ihren Einstieg lediglich Dinge, die Ihnen plötzlich zum Thema einfallen. Sie können auch ganz kurzfristig Dinge aufgreifen, die Ihnen gerade erst aufgefallen sind – sei es die Personenzahl im Raum, das Wetter oder etwas, dass das Publikum vor einer Minute zu Ihnen gesagt hat. Greifen Sie es einfach auf und binden Sie es in Ihre Einleitung ein. Ein Beispiel wäre: *„Oh, ich sehe, dass Sie heute Kleidung von Puma tragen! Puma ist eines der größten Sportartikelhersteller weltweit. Was mich auch gleich zum heutigen Thema hinführt. Das Thema, welches ich heute mit Ihnen besprechen möchte, ist, wie wir uns im Alltag wieder mehr bewegen können."* Somit haben Sie nicht nur einen persönlichen Bezug hergestellt, sondern auch gleich die perfekte Überleitung kreiert, um mit Ihrem Vortrag zu starten.

8. Einfach mal nachfragen! Das ist wahrscheinlich die bekannteste Variante, die Sie selbst schon öfter benutzt haben, um ein bestimmtes Thema einzuleiten. Sie stellen einfach eine passende Frage zum Thema und lassen sie Ihre Zuhörer beantworten. Mit dieser Technik sorgen Sie dafür, dass Sie die Aufmerksamkeit des Publikums gleich auf das Thema richten, und finden außerdem heraus, was Ihre Teilnehmer bereits über die Thematik wissen. Am besten geeignet sind offene Fragen, da sie den Redefluss der Leute anregen. Ein Beispiel wäre: *„Wie stehen Sie zu der Aussage, dass wir noch mehr Lösungsansätze benötigen, um die Gleichberechtigung von Mann und Frau in der freien Wirtschaft noch weiter anzukurbeln?"* Nun lassen Sie die Personen im Raum darüber diskutieren und tragen die Ergebnisse auf einem Whiteboard zusammen. Die gesammelten Stichpunkte können Sie aufgreifen, um daraus eine passende Einleitung zu formulieren.

9. Die Anti-Einstellung zum Thema! Zugegebenermaßen könnte diese Methode Ihre Zuhörer etwas überraschen, da sie damit vielleicht nicht rechnen werden. Beginnen Sie Ihren Vortrag bewusst mit einer eher negativen Aussage und provozieren Sie damit ruhig ein bisschen. Anstatt gleich mit den positiven Aspekten eines Themas zu beginnen, drehen Sie den Spieß doch einfach mal um und formulieren Sie Ihren Einstiegssatz bewusst negativ. Ein Beispiel für diese Methode könnte sein: *„Der Besitz von Haustieren ist schädlich* *für das Klima, das behauptet zumindest eine neue Studie der TU Berlin. Während Sie auf Fleisch verzichten und Plastikmüll vermeiden, sorgen Ihre treuen Vierbeiner mit ihren Ausscheidungen für eine Überdüngung der Böden."* Natürlich ist diese These auch ein bisschen amüsant, trotzdem könnte sie auf einige Menschen auch provozierend wirken. Anlass zur gemeinsamen Diskussion bietet diese Behauptung allemal.

10. Ein Kompliment geht immer! Wer hört nicht gerne etwas Positives, das ihn aufbaut und bei ihm für gute Stimmung sorgt? Profitieren Sie von den Effekten der positiven Sprache und sagen Sie bewusst etwas Nettes zu Ihren Zuschauern. Sie werden merken, dass sie Sie mit mehr Wohlwollen betrachten werden. Ein Beispiel für ein richtig gutes Kompliment wäre: *„Dank Ihrer aufmerksamen und vorsichtigen Fahrweise sind im letzten Jahr weniger Unfälle in Deutschland passiert und dafür bedanke ich mich recht herzlich bei Ihnen!"* Sie werden sehen, wie harmonisch die Atmosphäre im Raum sein wird und Sie somit weniger Druck haben werden.

Jetzt haben Sie viele gute Impulse erhalten, damit Ihre Einleitung bei Ihrer nächsten Präsentation unvergesslich wird. Probieren Sie sich ruhig ein bisschen aus und variieren Sie die verschiedenen Tipps. Sie werden dadurch ein besseres Gefühl dafür erhalten, welche Form am besten zu Ihnen und Ihrer Persönlichkeit passt.

Nun erfahren Sie mehr über den wichtigsten und zeitintensivsten Teil einer Rede: *den Hauptteil.*

DER HAUPTTEIL

Der Hauptteil sollte bis zu 80 Prozent Ihrer Redezeit in Anspruch nehmen, da er das Herzstück Ihrer Rede ist. In diesen Part gehören alle relevanten Fakten, Beweise und Geschichten, die Sie benötigen, um Ihren Standpunkt zum Thema selbstsicher zu vertreten und Ihre gewählten Thesen besser zu untermauern. Spielen Sie ein bisschen mit dem Ablauf Ihres Hauptteils. Sie sollten darauf achten, dass die folgenden inhaltlichen Punkte auf jeden Fall enthalten sein sollten:

1. Zeitliche Entwicklungen aufzeigen! Schauen Sie sich Ihr Thema erst einmal aus der Vergangenheitsperspektive an. Wie hat damals alles begonnen? Leiten Sie anschließend zum heutigen Stand der Dinge über. Wie hat sich Ihr ausgewähltes Themenfeld dann über die Zeit weiterentwickelt? Ein Beispiel für so eine Vorgehensweise wäre die Gründung und der rasende Erfolg des Apple-Gründers Steve Jobs. Welche ersten Schritte musste er gehen, um sein Unternehmen zu gründen? Wie hat er also mit seinem Business angefangen und wie hat es sich bis heute entwickelt? Eine gute Visualisierung für diesen Themenblock wäre beispielsweise ein Zeitstrahl, an dem Sie alle wichtigen zeitlichen Ereignisse in der Geschichte von Apple markieren.

2. Ziele der Rede verdeutlichen! Welche Intention verfolgen Sie mit Ihrer Rede? Was soll bei Ihrem Publikum besonders in Erinnerung bleiben? Worüber genau wollen Sie aufklären? Wenn Sie das gedanklich für sich geklärt haben, können Sie damit beginnen, passend zu Ihrer Zielstellung die richtigen Argumente zu finden, um Ihre Zuhörer von Ihren Ansichten zu überzeugen. Damit Ihre Aussagen standfest sind, nutzen Sie bitte den richtigen Aufbau eines stichhaltigen Arguments. Diesen finden Sie übrigens auch in diesem Buch im Kapitel *„Effizienz"*. Ein gutes Beispiel für die richtige Argumentation wäre: *„Kinder und Jugendliche in Deutschland sollten mehr Sport treiben (BEHAUPTUNG), da immer mehr junge Menschen an Übergewicht leiden (Beweis). Laut einer Studie zur Gesundheit von Kindern und Jugendlichen von KIGGS leiden über 8,7 Prozent der Jungen und 7,2 Prozent der Mädchen im Alter von 11 bis 17 Jahren an einer Adipositas (BEISPIEL).*

3. Vereinfachen Sie komplexere Aussagen durch Beispiele aus dem Alltag! Manchmal gibt es einfach Themen, die in ihrer Tiefe so vielseitig und hochgradig wissenschaftlich sind, dass es schwer sein kann, die wesentlichen Punkte verständlich zu vermitteln. In so einem Fall sollten Sie immer auf Alltagssituationen zurückgreifen, um das Wesentliche für die Zuhörer greifbarer zu machen! Wollen Sie beispielsweise das physikalische Thema des Quantenkonzepts erklären, können Sie außerdem noch dazu sagen, dass die Quantenphysik in so gut wie jedem Alltagsbereich eine Rolle spielt. Selbst wenn die Kassiererin an der Supermarktkasse die Einkäufe einscannt, hat es etwas mit der Quantentheorie zu tun. Jeder Mensch geht einkaufen, weshalb das Beispiel für die meisten Zuhörer verständlicher sein wird.

4. Zeigen Sie Alternativen zu Ihrem Standpunkt auf! Jede Person hat zu einem bestimmten Thema seine ganz eigene Meinung und das ist auch in Ordnung so. Berücksichtigen Sie das auch während der Ausarbeitung Ihrer Rede. Wollen Sie beispielsweise über das Thema Tierwohl reden und Ihre Zuhörer dafür sensibilisieren, dass der ständige Verzehr von Fleischprodukten unnötig viele Tierleben gefährdet, dann seien Sie sich darüber bewusst, dass Sie Menschen in Ihrem Publikum haben werden, die sehr gerne ein Stück Fleisch essen. Bevor Sie also daran appellieren, dass alle von nun an nur noch vegetarisch oder vegan leben sollen, fangen Sie lieber mit kleinen Schritten an. Zeigen Sie beispielsweise einen Ernährungsplan, in dem nicht viermal in der Woche Fleisch verzehrt wird, sondern nur noch zweimal. Somit ist die Wahrscheinlichkeit höher, dass Sie mehrere Personen zum Umdenken anregen können.

5. Beantworten Sie die gängigsten Fragen Ihres Themas bereits im Vortrag! Es gibt manchmal einfach Sachverhalte, bei denen immer wieder die gleichen Fragen sowie Bedenken geäußert werden. Wenn Sie also nach Informationen zu Ihrem Thema recherchieren, dann schauen Sie doch währenddessen gleich mal nach, was die Leute an diesem Thema am meisten interessiert beziehungsweise wovor sie die größten Bedenken haben. Berücksichtigen Sie diese Punkte und bauen Sie sie vorab schon in Ihre Rede ein. Somit beugen Sie auch zu hitzigen Diskussionen gekonnt vor.

6. Runden Sie Ihren Hauptteil ab, indem Sie eine gute Schlussfolgerung formulieren! Zum Abschluss des Hauptteils halten Sie alle wesentlichen Erkenntnisse noch einmal fest und tragen sie stichpunktartig vor. Daraus ziehen Sie dann ein abschließendes Fazit. Das könnte zum Beispiel so aussehen: *„Sie haben nun sehr viel über das Thema Sicherheit im Straßenverkehr gehört. Sie wissen nun, wie wichtig eine entspannte Grundhaltung während des Autofahrens ist und was Sie tun können, falls Sie sich doch mal gestresst fühlen sollten. Zur Abrundung des Themas können wir festhalten, dass eine gute Stresskompetenz von großer Bedeutung ist, um aktiv etwas gegen Unfälle im Straßenverkehr zu unternehmen. Am Ende des Vortrags habe ich Ihnen außerdem noch ein paar Methoden aufgezeigt, die Ihnen helfen sollen, sich besser während des Autofahrens zu entspannen."*

Eine gut formulierte Schlussfolgerung des Hauptteils erleichtert es Ihnen ungemein, zum Schlussteil Ihrer Rede überzuleiten, bei dem Sie das Gesagte noch einmal komplett zusammenfassen und eine Aussicht für zukünftige Entwicklungen geben. Was noch alles in den Schluss gehört, werden Sie jetzt lesen.

DER SCHLUSS

In Ihrem Schlussteil fassen Sie in Ihren eigenen Worten das Gesagte noch einmal zusammen. Achten Sie darauf, dass Sie sich nur auf das Wesentliche fokussieren. Wenn Sie noch etwas kreativer sein möchten, nutzen Sie doch die folgenden Vorschläge, um Ihr Ende noch etwas aufzupeppen!

Tipps für das perfekte Ende:

1. **In der Kürze liegt die Würze!** Verpacken Sie die wichtigste und einprägsamste Botschaft in einen einzigen Satz. Somit haben Sie den Fokus noch einmal auf den wichtigsten Punkt Ihrer Präsentation gelegt und Ihre Zuhörer langweilen sich nicht. Ein Beispiel wäre: *„Und vergessen Sie nicht: Für einen gesunden Lebensstil braucht man Bewegung, und zwar sehr viel!"*

2. **Eine stärkende Nachricht am Ende!** Um Ihr Publikum vielleicht auch ein bisschen zu inspirieren, können Sie zum Schluss noch einen sehr einfühlsamen Satz wählen, der Ihrem Publikum Mut machen soll. Sie könnten beispielsweise den folgenden Satz zu Ihren Teilnehmern sagen: *„Wie Sie sehen, können auch Sie die Welt verändern, wenn Sie es nur wollen. Sie müssen dafür nur den ersten Schritt gehen."*

3. **Natürlich können Sie auch am Ende ein Zitat einsetzen!** Ein Zitat eignet sich nicht nur am Anfang einer Rede, sondern kann zum Schluss den gesamten Vortragsinhalt auch noch einmal abrunden. Welches Zitat Sie wählen, bleibt allein Ihnen überlassen. Ihrer Kreativität sind keine Grenzen gesetzt.

4. **Verbinden Sie den Schlussteil mit Ihrem Anfang!** Eine richtig gute Rede folgt immer einem roten Faden. So wie Sie begonnen hat, genauso wird Sie auch beendet. Dies ist eine sehr elegante Art und Weise, um eine Präsentation zu gestalten. So können Sie zum Beispiel am Anfang des Vortrages eine ganz bestimmte Frage stellen, die Sie am Ende noch einmal wiederholen, um zu schauen, was Ihre Zuhörer alles dazugelernt haben.

5. **Bitten Sie Ihr Publikum um eine ganz bestimmte Sache, die Ihnen am Herzen liegt!** Richten Sie also einen Appell an Ihr Publikum. Wenn Sie beispielsweise einen Vortrag über gesunde Ernährung gehalten haben, könnten Ihre letzten Worte an Ihr Publikum wie folgt lauten: „Sie haben heute viele neue Rezepte und Ideen kennengelernt, wie Sie Ihre Mahlzeiten gesünder gestalten können. Schauen Sie doch morgen gleich mal in Ihrem Kühlschrank und in Ihren Küchenschränken nach, welche Lebensmittel Sie noch gebrauchen können und welche Sie mit Ihrem neuen Wissen getrost entsorgen können."

6. Wünsch dir was! Wenn Sie Ihr Publikum mitreißen konnten und die Stimmung im Raum sehr harmonisch und offen ist, können Sie Ihrem Publikum auch noch gute Wünsche mit auf den Weg geben und sich bei ihm bedanken. Ein Beispiel wäre: *„Ich wünsche Ihnen, dass Sie dank Ihrer neuen Erkenntnisse, die Sie während meines Vortrags gewonnen haben, nun besser dazu in der Lage sind, im nächsten Bewerbungsgespräch selbstbewusster aufzutreten."*

Nun haben Sie also einen guten Überblick darüber bekommen, wie eine gute Rede aufgebaut ist und welche Tricks Sie anwenden können, um Ihren nächsten Vortrag spannender und lebendiger zu gestalten. Als Nächstes erhalten Sie noch weitere 10 wertvolle Tipps, um Ihre Präsentationsfähigkeiten noch weiter zu verbessern.

10 Tipps für gelungene Präsentationen und Reden

So viel steht schon einmal fest: Wenn Sie wissen, wie Sie sich nach Außen am besten präsentieren und Lerninhalte zielgruppengerecht vermitteln können, dann haben Sie im Berufsleben die halbe Miete. Eine gute Rede sollte einprägsam sein, zu fachlichen Diskussionen anregen und den Zuhörern noch lange im Gedächtnis bleiben. Damit Ihnen das in der Praxis mit Leichtigkeit gelingen kann, folgen für Sie nun zehn wertvolle Tipps, die Sie dabei unterstützen sollen, den höchstmöglichen Erfolg mit Ihrer Präsentation zu erzielen.

1. Bleiben Sie im Hier und Jetzt! Somit bekommen Ihre Zuhörer das Gefühl, am Geschehen teilzuhaben. Es entsteht also der Eindruck von Verbundenheit und Vertrauen. Versuchen Sie, das Präteritum (Vergangenheitsform) aus Ihrer Rede zu streichen. Es vermittelt das Gefühl der Distanz und auch, dass man an dem besprochenen Sachverhalt nichts mehr ändern kann.

2. Bleiben Sie aktiv! Konstruieren Sie Ihre Sätze so, dass sie ausschließlich im Aktiv (Tätigkeitsform) formuliert sind. Somit werden Ihre Zuhörer zum Handeln inspiriert und bekommen das Gefühl, wirklich an der Thematik selbst etwas ändern zu können. Sie könnten Ihre Sätze beispielsweise nach dem folgenden Schema formulieren:

a. Sie machen etwas gegen die Umweltverschmutzung, indem Sie darauf achten, auf öffentlichen Plätzen Ihren Müll in die dafür vorgesehenen Mülleimer zu werfen.

b. Sie machen aktiv etwas für Ihre Gesundheit, indem Sie sich von heute an gesünder ernähren und dreimal die Woche Sport treiben.

c. Sie bereiten sich ab heute auf jedes Reflexionsgespräch intensiv vor, damit Sie selbstbewusster auftreten können.

Durch diese Formulierungen bekommen Ihre Zuhörer das Gefühl, dass sie wirklich etwas an Ihrem Leben verändern können, wenn sie sich Ihre Tipps zu Herzen nehmen und im Alltag umsetzen.

3. Beschränken Sie sich auf das Wesentliche! Überfordern Sie Ihr Publikum nicht mit zu viel Detailwissen zu einem bestimmten Thema. Das würde nur mehr für Verwirrung sorgen und nicht zu einem Erkenntnisgewinn Ihrer Teilnehmer beitragen. Erzählen Sie kurz und prägnant die wichtigsten Inhalte zu Ihrer Thematik, damit auch möglichst viel bei Ihren Zuhörern im Gedächtnis hängen bleibt.

4. Achten Sie auf die richtigen Pausen! Sie wollen doch ein möglichst talentierter Redner werden. Fokussieren Sie sich daher darauf, möglichst ruhig und etwas langsamer zu sprechen. Somit bekommen Ihre Zuhörer die Möglichkeit, die wichtigsten Punkte auch zu verstehen. Wenn Sie eine sehr wichtige Botschaft vermittelt haben, die für Ihren Standpunkt von wesentlicher Bedeutung ist, dann machen Sie an dieser Stelle eine Pause. Variieren Sie Ihre Stimmlautstärke und sprechen Sie mal laut oder an passenden Stellen auch mal leiser, je nachdem, wo es sich gerade anbietet. Wenn Sie die Leute aufrütteln wollen, dann sprechen Sie am besten ganz laut. Wollen Sie dagegen die Aufmerksamkeit wieder auf sich lenken, dann sprechen Sie ganz leise. Somit müssen sich Ihre Zuhörer kurzzeitig mehr anstrengen, um Sie zu verstehen. Sie werden beobachten, wie Sie einige Gesichter wieder konzentriert anschauen und einige mit ihrem Körper wieder näher zu Ihnen heranrücken, wodurch Ihnen das aktive Zuhören Ihrer Teilnehmer wieder sicher ist.

5. Halten Sie den Blickkontakt zum Publikum! Damit Ihre Zuschauer nicht das Interesse an Ihnen verlieren, blicken Sie immer mal wieder in die Gesichter Ihrer Zuhörerschaft. Somit lesen Sie Ihr Geschriebenes nicht nur ab, sondern stellen auch eine solide Verbindung zu den Menschen im Raum her. Dadurch entsteht eine entspannte Atmosphäre, bei der Sie und Ihr Publikum sich auf Augenhöhe begegnen können.

6. Seien Sie vor den anderen da! Wenn Sie eine Rede in einem Gebäude halten, in dem Sie die Räumlichkeiten noch nicht kennen, dann betreten Sie den Raum am besten schon eine Stunde vor dem Präsentationsbeginn. Somit bekommen Sie die Gelegenheit, sich mit der Ausstattung vertraut zu machen und jeden Teilnehmer einzeln zu sehen, bevor der Vortrag startet.

7. Verlieren Sie niemals Ihren roten Faden! Manchmal kann es aus den unterschiedlichsten Gründen vorkommen, dass Sie mitten in Ihrer Rede stecken bleiben und Sie nicht mehr wissen, was Sie eigentlich sagen wollten. Sollte doch einmal das Worst-Case-Szenario eintreten und Sie wissen komplett gar nicht mehr, was Sie eigentlich gerade sagen wollten, dann sollten Sie dies ruhig zugeben. Fehler sind menschlich und können jedem Menschen einmal passieren. Wichtig ist nur, dass Sie sich davon nicht aus der Ruhe bringen lassen, kurz durchatmen, auf Ihren Stichpunktzettel schauen und dann wieder mit Ihrer Rede fortfahren. Sollte es auch mal vorkommen, dass Sie direkt und verbal von jemandem aus dem Publikum angegriffen werden, dann versuchen Sie zuerst, die Situation durch klare Handzeichen zu beruhigen. Fangen die Angreifer trotzdem wieder an, zu pöbeln, und Sie sind in diesem Moment sehr schlagfertig, dann können Sie natürlich auch eine ironische Bemerkung fallen lassen und die Störenfriede somit ganz schnell verstummen lassen.

8. Verwenden Sie visuelle Hilfsmittel, um Ihr Gesagtes durch die passenden Medien zu unterstreichen. Damit Sie Ihre Präsentation abwechslungsreicher gestalten können, nutzen Sie doch abwechslungsreiche Medien wie PowerPoint-Präsentationen, Videos, das Whiteboard oder Requisiten, die zu Ihrem Thema passen. So können Sie die Kernaussagen Ihres Themas noch besser unterstreichen.

9. Üben, üben, üben! Bevor der wichtige Tag anbricht, sollten Sie zuvor Ihren Vortrag zumindest einmal probiert haben. Somit können Sie Ihre eigenen Kommunikationsfähigkeiten verbessern und sogar noch verfeinern. Schauen Sie genau auf die Uhr und prägen Sie sich ein, wie lange Sie für Ihren Vortrag gebraucht haben. Dadurch erlangen Sie ein gutes Gespür für die Zeit und können besser abschätzen, wie lang Ihre Pausen zwischen den einzelnen Sätzen sein sollten, damit Sie mehr Spannung aufbauen können. Sollte etwas vom Anschauungsmaterial doch nicht ganz passen, haben Sie noch genügend Zeit, es auszuwechseln. Legen Sie sich außerdem schon Ihr Outfit für den großen Tag parat, damit Sie früh morgens schneller fertig sind.

10. Achten Sie auf einen guten Stichpunktzettel. Halten Sie sich vor Augen, dass Sie keinen Roman vortragen sollen. Von daher halten Sie Ihren Stichwortzettel kurz und prägnant. Somit wird es Ihnen leichter fallen, mit Ihren Aussagen genau auf den Punkt zu kommen und nicht sinnlos vom Thema abzuschweifen.

11. Üben Sie regelmäßig, denn Übung macht ja bekannterweise den Meister. Suchen Sie nach Gelegenheiten, vor anderen zu sprechen. Sei es auf öffentlichen Veranstaltungen, in Diskussionsrunden oder vor Freunden und der Familie – nutzen Sie also jede Möglichkeit zur Erprobung Ihrer Rede. Fordern Sie Feedback von den Zuschauern ein und nutzen Sie es anschließend dazu, um Ihre Fähigkeiten konsequent zu verbessern.

Sie wurden nun mit wichtigen Impulsen und Ideen versorgt, damit Ihre nächste Präsentation ein voller Erfolg werden kann. Natürlich ist dies nur ein kleiner Auswahlpool an Tipps, um Ihre Reden zu verbessern. Dennoch bieten sie bereits erste Anhaltspunkte, worauf Sie bei Ihrer nächsten Präsentation besonders achten sollten, damit Ihre Rede positiv im Gedächtnis bleibt. Der nächste wichtige Punkt für eine einprägsame Rede ist natürlich die Wortwahl. Sie entscheidet maßgeblich darüber, ob Ihr Publikum Ihr Gesagtes eher positiv oder negativ aufschnappt. Bleiben Sie auf jeden Fall immer höflich und vermeiden Sie kontroverse Themen wie Religionen oder Tierversuche. Ansonsten könnte die Stimmung sehr schnell ins Negative umschwenken und das wollen Sie um jeden Preis verhindern. Immerhin soll es für alle ein aufschlussreicher Vortrag mit vielen neuen Erkenntnissen werden und kein Anlass für schwerwiegende Diskussionen sein.

Damit Sie in keine Rhetorik–Falle tappen können, folgen nun wichtige Rhetorik-Essentials, die Ihnen die Kommunikation mit dem Publikum erleichtern können.

Rhetorik-Essentials

Das Wort Rhetorik stammt aus dem Griechischen und bedeutet ins Deutsche übersetzt in etwa so viel wie Redekunst. Schon in der Antike ging man davon aus, dass die Redefähigkeit dem Menschen von Natur aus gegeben wurde, damit er sich mit seiner Umwelt austauschen kann.

Die Sprachwissenschaft unterscheidet zwei große Bereiche der Rhetorik. Zum einen ist dies die **allgemeine Rhetorik**, bei der es um die rhetorischen Sprechakte, die Systematik rhetorischen Sprechens und die dazugehörigen Regeln geht. Des Weiteren gibt es die **angewandte Rhetorik**, welche die Themenschwerpunkte wirkungsvolles Sprechen, sprachliches Verhalten sowie die Körpersprache umfasst.

Rhetorische Sprechakte sind Behauptungen, die eine bestimmte Handlung nach sich ziehen sollen. Dazu zählen beispielsweise Befehle, Versprechen oder sogar Beleidigungen. Sprechakte sind Äußerungen, die entweder konkret zum **Handeln auffordern** oder die Lebenswelt eines Menschen aktiv verändern, entweder in eine positive oder sogar in eine negativere Richtung, die Schaden anrichten kann. Daher sollten Sie Ihre sprachlichen Handlungen regelmäßig **hinterfragen,** damit Sie niemanden bewusst verletzen. Unter der Systematik des rhetorischen Sprechens ist zu verstehen, dass die Wörter, die Sie täglich benutzen, gewissen Gesetzmäßigkeiten unterliegen. Ein gutes Beispiel, um diese Aussage zu verdeutlichen, wären die Regeln der deutschen

Grammatik. In der Schule lernen Sie, was genau die Artikel sind und wie sie richtig angewendet werden, welche Wortarten es gibt und wie Sie Ihre Sätze entsprechend der vier Fälle umformulieren können. Wenn Deutsch Ihre Muttersprache ist, dann geschieht die Anwendung dieser sprachlichen Regeln ganz intuitiv und ohne große Anstrengungen, da sich die Regeln durch den täglichen Gebrauch bereits tief in Ihrem Unterbewusstsein verankert haben. Ein Nicht-Muttersprachler muss diese Regeln natürlich erst erlernen, um ein Gefühl dafür zu entwickeln. Dieser Prozess kann manchmal nur ein paar Monate in Anspruch nehmen oder sich über ein paar Jahre erstrecken. Dieser Vorgang ist von Lerner zu Lerner unterschiedlich und hängt von den individuellen Voraussetzungen ab.

Die **angewandte Rhetorik** beschäftigt sich vorrangig damit, wie Sie sich während des Sprechens wirkungsvoll in Szene setzen können. Sie erforscht, welche Strategien Sie brauchen, damit Sie mit Ihren Worten genau die Wirkung erzielen können, die Sie bei Ihren Zuhörern erreichen möchten. Außerdem analysiert sie das individuelle Kommunikationsverhalten der verschiedenen Persönlichkeitstypen und gibt auf der Basis ihrer Erkenntnisse wissenschaftlich erprobte Maßnahmen an die Hand, damit Sie sich entsprechend Ihrem Charakter perfekt präsentieren können. Dabei umfassen diese empfohlenen Verfahrensweisen nicht nur die richtige Tonlage der Stimme, sondern auch die Art und Weise, wie Sie Ihre Körpersprache einsetzen sollten, damit Sie einen eindrucksvollen Auftritt hinlegen können.

Vielleicht können Ihnen die folgenden Tipps dabei helfen, sich bewusster mit Ihren eigenen Rhetorikfähigkeiten auseinanderzusetzen und sie stetig zu verbessern.

Tipps zur Verbesserung Ihrer persönlichen Rhetorikfähigkeiten:

1. Werden Sie sich Ihrer Persönlichkeit bewusst. In der Psychologie wurden bereits unterschiedliche Persönlichkeitstypen erforscht und die wesentlichen Merkmale der einzelnen Charaktere bis ins Detail ausformuliert. Die bekanntesten Modelle aus der Persönlichkeitspsychologie sind die Archetypen nach Carl Gustav Jung, das Enneagramm sowie der Myers-Briggs-Typenindikator. Es gibt bereits sehr viel Literatur über die unterschiedlichen Theorien, die Sie auch sehr leicht im Internet finden können. Der Vorteil ist, dass in den meisten Büchern auch ein kleiner Test integriert ist, der Ihnen dabei helfen soll, selbst herauszufinden, zu welcher vorgegebenen Kategorie Sie gehören. Nur Mut, trauen Sie sich doch einmal, so einen Test zu machen. Er wird Ihnen viele neue Erkenntnisse über Ihren eigenen Charakter liefern und Ihnen Anhaltspunkte geben, in welchen Bereichen Sie sich noch verbessern sollten. Diese Einsichten können Sie nutzen, um auch etwas an Ihren rhetorischen Fähigkeiten zu verbessern.

2. Arbeiten Sie konsequent an Ihrem Selbstbewusstsein. Dadurch fühlen Sie sich selbst nicht nur besser, sondern Sie können viel zielgerichteter Ihre Botschaft vermitteln. Außerdem strahlen Sie automatisch mehr innere Gelassenheit aus. Dadurch offenbaren Sie Ihren Zuhörern indirekt, dass Sie genau wissen, wovon Sie sprechen. Sie wirken erfahrener und wissen ganz genau, wie Sie Ihr Potenzial einsetzen können, damit Sie andere inspirieren.

3. Die richtige Wortwahl: Verwenden Sie ausschließlich Sätze, die Ihrer Zielgruppe entsprechen, und lernen Sie, durch die richtigen Äußerungen eine Geschichte zu kreieren, die Ihre Zuhörer vor ihrem geistigen Auge sehen können. Benutzen Sie dafür verschiedene stilistische Mittel, die es Ihnen ermöglichen, Ihre Erzählungen lebendiger und fantasievoller zu gestalten. Welche stilistischen Tools es gibt, wird Ihnen im nächsten Abschnitt erläutert

4. Entflammen Sie Begeisterung! Versprühen Sie mit Ihrer Körpersprache pure Lebensfreude und zeigen Sie dem Publikum, wie sehr Sie für das Thema brennen. Somit können Sie Ihre Zuhörerschaft besser von Ihren Ansichten überzeugen. Sprechen Sie mit einer möglichst lauten und klaren Stimme und verwenden Sie Ihre Arme sowie Hände, um Ihre Aussagen zielgenau zu unterstreichen. Strahlen Sie Optimismus aus und geben Sie Ihren Zuhörern das Gefühl, dass auch sie ihren Beitrag leisten können, um etwas an Ihrer vorgetragenen Thematik zu verändern. Sollten Sie vielleicht mal in die Situation gelangen und ein Vortragsthema erwischen, das Ihnen selbst nicht so zuträglich ist, dann stellen Sie sich während der Recherche die essenzielle Frage, warum dieses Thema für Ihr Publikum so wichtig ist und welches Problem Sie durch ihre Präsentation für Ihre Zuhörer lösen können. Somit finden Sie leichter einen Zugang dazu und finden die nötige Motivation, das Thema zielgruppengenau aufzubereiten.

5. Suchen Sie sich auch gerne Vorbilder! Beobachten Sie andere gute Redner und lernen Sie von diesen. Achten Sie darauf, wie sie ihre Rede strukturieren, ihre Stimme einsetzen und das Publikum einbinden. Machen Sie sich dabei auch stets Notizen.

Sie haben bisher viele wichtige Tools und Möglichkeiten an die Hand bekommen, um sowohl Ihre Persönlichkeit als auch Ihre Vortragsweise zu verbessern. Damit es Ihnen durch die passende Wortwahl noch besser gelingt, ein inneres Bild in Ihren Zuhörern zu erzeugen, werden nun verschiedene stilistische Mittel vorgestellt, die Ihnen dabei helfen können, Ihre Ausführungen noch kreativer zu formulieren und somit Ihr Publikum auf eine fantasievolle Reise mitzunehmen.

Stilistische Mittel und sprachliche Bilder

Durch den Einsatz verschiedener kreativer sprachlicher Mittel soll es Ihnen als Redner erleichtert werden, die Aufmerksamkeit Ihres Publikums länger auf sich und Ihre Präsentation zu lenken. Der richtige Gebrauch der sprachlichen Stilmittel verhilft Ihren Zuhörern außerdem zu mehr Verständnis und verbessert ihre Reaktionen zum angesprochenen Thema. Durch die Anregung der Kreativität und das Ansprechen verschiedener Emotionen können sich die Inhalte Ihrer Präsentation besser im Gedächtnis verankern, weshalb der Lerneffekt der Teilnehmer schon fast verdoppelt wird. Daher ist es für Sie als zukünftiger Top-Rhetoriker von großer Notwendigkeit, dass Sie sich mit den Wirkungsweisen der verschiedenen stilistischen Mittel intensiv befassen, damit Ihre nächste Präsentation zu einer aufregenden Fantasiereise für Ihre Zuhörerschaft wird. Sie bekommen nun einen kleinen Überblick über die wesentlichsten rhetorischen Stilmittel und ihren Effekt auf die Zuhörer.

Die wichtigsten stilistischen Mittel:

Die Alliteration: Bei diesem Stilmittel weisen mehrere aufeinanderfolgende Wörter denselben Anfang auf.

- Beispiel: *„Alle Affen aßen Ananas."*

Die Anapher: Hier haben mehrere aufeinanderfolgende Sätze den gleichen Satzanfang.

- Beispiel: *„Das ist komplett falsch. Das kannst du so nicht machen. Das gibt bestimmt Ärger. Das sagen wir lieber nicht weiter."*

Die Antiklimax: Bei der Antiklimax werden Adjektive, die an sich das Gleiche beschreiben, aber in einer unterschiedlichen Intensität, in absteigender Reihenfolge aufgezeigt.

- Beispiel: *„Der Wind draußen ist sehr frostig. Der Schnee ist eiskalt. Dieser Winter ist mal wieder sehr frisch."*

Die Antithese: Mit diesem stilistischen Mittel werden vorhandene Gegensätze verdeutlicht und noch mehr in den Fokus gerückt.

- Beispiel: *„Obwohl er nach außen hin sehr hart wirkte, schlug in seinem Inneren doch ein weiches Herz."*

Die Assonanz: Bei diesem Stilmittel findet man bei zwei benachbarten Worten einen ähnlichen Selbstlaut.

- Beispiel: *„Geben und Nehmen, um die Freundschaft zu ehren."*

Chiasmus: Dieses Stilmittel bezieht sich auf einen ganzen Satz und zeichnet sich dadurch aus, dass bestimmte Satzglieder spiegelbildlich bzw. überkreuzt angeordnet sind.

- Beispiel: *„Ich schlafe in der Nacht, am Tag wache ich auf."*

Chiffre: Hier ist ein Symbol im Text versteckt, das für die Zuhörer aber meistens schwer zu entschlüsseln ist. Es ist ein Rätsel, welches aber nicht aufgeklärt wird.

- Beispiel: *„Die dunklen Nebelschwaden zeigen sich mir jeden Morgen."*

Wer die Person nicht persönlich kennt, könnte zu der Annahme gelangen, dass sie lediglich über ein Wetterphänomen spricht. Leute, die sie allerdings persönlich kennen, wissen, dass sie über ihre morgendliche Depression spricht.

Enumeration: Hier geht es ganz einfach um mehrere aufeinanderfolgende Aufzählungen, dabei gehören die Wörter zu keinem bestimmten Oberbegriff.

- Beispiel: *„Für den morgigen Campingausflug brauchen wir noch ein Zelt, Medikamente, einen Wasserkocher und Decken."*

Epipher: Bei diesem stilistischen Mittel werden am Ende des Satzes die gleichen Wörter wiederholt.

- Beispiel: *„Du bist groß. Ich bin groß."*

Euphemismus: Damit werden eigentlich negative Ereignisse durch eine positive Wortwahl als weniger schlimm dargestellt.

- Beispiel: *„Du bist von deiner Statur her aber sehr kräftig* gebaut."* (*anstatt dick)

Hyperbel: Hier werden bestimmte Sachverhalte durch eine bewusst übertriebene Wortwahl dramatischer dargestellt, als sie eigentlich sind.

- Beispiel: *„Weil du so lange gebraucht hast, musste ich ultralang auf dich warten, und nun bin ich todmüde."*

Inversion: Hier geht es um eine komplett neue Satzstellung, die von der eigentlichen Norm erheblich abweicht. Stellen Sie sich einfach Yoda aus „Star Wars" vor Sie können sich die Besonderheiten dieses Stilmittels so besser merken.

- Beispiel: *„Müde ich bin, ins Bett ich jetzt gehe."*

Klimax: Bei diesem Stilmittel geht es um eine Steigerung der Adjektive, damit Sie Ihre Botschaft noch besser übermitteln können.

- Beispiel: *„Die Schauspielleistung von ihm in diesem Film war einfach nur exzellent, grandios, einfach nur meisterhaft."*

Litotes: Hier wird mit einer bestimmten Aussage bewusst untertrieben oder durch eine Verneinung eine eigentliche Bejahung ausgedrückt.

- Beispiele: *„Die Aufgabe war für mich ein Kinderspielchen."* oder *„Ich denke nicht, dass niemand gerade gesehen hat, wie du im Unterricht einfach gegessen hast."*

Metapher: Dieses Stilmittel wird selbst im Alltag sehr häufig benutzt. Mithilfe der Metapher wird ein bestimmtes Bild im Kopf erzeugt, welches von jedem Menschen gleich interpretiert werden kann.

- Ein klassisches Beispiel wäre: *„Sie fuhr in einem Schneckentempo die Straße entlang."* (Sie fuhr also sehr langsam)

Oxymoron: Hiermit soll innerhalb des Satzes etwas ganz Bestimmtes hervorgehoben werden. Es handelt sich zumeist um Wortzusammensetzungen, die sich aber eigentlich inhaltlich widersprechen.

- Ein klassisches Beispiel wäre das Wort *„Hassliebe."* Wenn man jemanden wirklich liebt, dann sollte man ihn eigentlich nicht gleichzeitig hassen. Das Wort zeigt also einen Widerspruch auf.

Paradoxon: Hier widerspricht sich nicht nur ein einzelnes Wort, sondern gleich ein gesamter Satz.

- Ein Beispiel für ein bekanntes Paradoxon wäre: *„Wer langsamer und bedachter arbeitet, kommt schneller ans Ziel."*

Parallelismus: Beim Parallelismus sind zwei aufeinanderfolgende Sätze nach einer gleichen Struktur aufgebaut.

- Beispiel: *„Ich habe gewonnen. Du hast verloren."*

Periphrase: Ein bestimmter Begriff wird durch andere Ausdrücke umschrieben.

- Beispiel: *„Ich war letzte Woche sehr krank, deswegen musste ich zu den Göttern in Weiß (Ärzte) gehen."*

Personifikation: Mithilfe dieses Stilmittels werden Tiere, Objekte oder Wetterphänomene vermenschlicht.

- Ein klassisches Beispiel wäre: *„Schau mal, deine Katze möchte dir etwas Wichtiges sagen."*

Rhetorische Frage: Sie zeichnet sich dadurch aus, dass der Fragesteller keine wirkliche Antwort erwartet. Sie kann also auch einfach ohne ein Wort im Raum stehen bleiben.

- Ein Beispiel wäre: *„Meinst du das jetzt wirklich ernst?"*

Symbol: Ein bestimmtes Bild oder ein Gegenstand wird mit einem eindeutigen Begriff in Verbindung gebracht. So steht das *Herz* für viele Menschen symbolisch für die *Liebe*.

Vergleich: Bei dem Vergleich werden zumeist zwei ähnliche Personen oder Gegenstände gegenübergestellt und so miteinander verglichen.

- Ein Beispiel wäre: *„Puma ist wirtschaftlich mindestens genauso erfolgreich wie Nike."*

Nun kennen Sie die gängigsten stilistischen Mittel und können sie in der Praxis anwenden. Natürlich sind diese Beispiele nur ein kleiner Überblick der existierenden sprachlichen Mittel. Es gibt noch unzählige andere Möglichkeiten, mit der Sprache zu spielen und somit völlig neue Ausdrücke zu erfinden. Trauen Sie sich einfach selbst, erfinderisch zu werden, und kreieren Sie Ihre eigenen Wortschöpfungen, die Ihrer Persönlichkeit und dem inhaltlichen Thema Ihrer Präsentation entsprechen.

In diesem Kapitel haben Sie nun viel darüber gelesen, wie eine gute Rede aufgebaut ist, welche wichtigen inhaltlichen Punkte in eine einprägsame Präsentation gehören und wie Sie Ihre eigene Wortwahl mithilfe von stilistischen Mitteln auf ein neues Level heben können. Im nächsten Kapitel wird der Hauptfokus nun auf Ihrer Körpersprache liegen und darauf, welche Kniffe Sie anwenden können, um Ihre Körperhaltung längerfristig zu verbessern.

Die richtige Körpersprache

Ihr Körper spricht immer mit Ihrer Umwelt, ob Sie das jetzt wollen oder nicht. Selbst wenn Sie mit Ihren Mitmenschen gar kein Wort wechseln, offenbart Ihre Körpersprache oftmals, wie Sie sich fühlen und was Sie unbewusst über das Gespräch mit Ihrem Gegenüber denken. Viele Menschen glauben, dass das gesprochene Wort einen viel höheren Stellenwert einnimmt als die Körpersprache, aber das stimmt so nicht ganz. Der erste Eindruck, den Sie Ihrem Umfeld vermitteln, wird zu 95 Prozent von Ihrer unbewussten Körperhaltung bestimmt. Dazu zählen außerdem noch Ihre Mimik und Gestik, das Sprechtempo, die Stimmlage und die Art und Weise, wie Sie Ihre Sätze betonen. Diese ganzen Bereiche erschaffen ein Gesamtbild Ihrer Persönlichkeit, bevor Sie überhaupt ein einziges Wort gesprochen haben. Selbst der Kommunikationsforscher Paul Watzlawick wusste bereits:

„Man kann nicht *nicht* kommunizieren."

Auch er hat bereits festgestellt, dass Ihr Gesichtsausdruck, Ihre unbewussten Bewegungen und die Art und Weise, wie Sie sich in einem Raum bewegen, darüber entscheiden, ob Sie von Ihrem sozialen Umfeld sofort akzeptiert werden oder nicht. Diese Erkenntnis ist ein guter Anlass dafür, sich einmal intensiver mit Ihrer eigenen Körpersprache auseinanderzusetzen und den geheimen Botschaften Ihres unbewussten Kommunikationsmittels einmal auf den Grund zu gehen.

Die Trias der Körpersprache

Im Alltag nutzen Sie Ihre Körpersprache sehr oft, indem Sie beispielsweise Ihre Augenbrauen skeptisch zusammenziehen, weil Sie glauben, gerade angelogen zu werden, oder Sie breiten ganz weit Ihre Arme aus, um Ihre beste Freundin bzw. Ihren besten Freund zu umarmen, die bzw. den Sie schon lange nicht mehr gesehen haben. Es gibt so viele Möglichkeiten, Ihren eigenen Körper zu nutzen, um Ihre inneren Emotionen Ihrem Gegenüber zu vermitteln.

Im Allgemeinen wird Ihre Körpersprache in drei große Bereiche gegliedert:

- die Mimik
- die Gestik
- die Körperhaltung

Diese drei Komponenten unterstützen Sie dabei, auf der nonverbalen Ebene mit Ihren Mitmenschen zu interagieren. Außerdem offenbaren sie mehr über Ihre Emotionen, was es Ihrem Gesprächspartner erleichtert, mit Ihnen in Kontakt zu treten und genau die richtigen Gesprächsthemen zu wählen, um eine entspannte Gesprächsatmosphäre aufrechtzuerhalten.

Dabei bezieht sich die Mimik ausschließlich auf die unterbewussten Regungen in Ihrem Gesichtsbereich, während die Gestik alle Bewegungen der Arme, der Hände und des Kopfes einbezieht. Ihre Körperhaltung wird ausschließlich von Ihren Bändern, Knochen und Muskeln beeinflusst. Sie umfasst die Art und Weise, wie Sie laufen, gehen oder sitzen. Dabei symbolisiert ein gerader Rücken eine gute Körperhaltung und ein eher gekrümmter Rücken lässt auf eine fehlende Spannung im Körper schließen, die eher als unattraktiv eingestuft wird. Doch was zeichnet diese drei Teilbereiche noch alles aus und was können Sie aktiv tun, um Ihre nonverbale Kommunikation zu verbessern? Darum wird es nun in den folgenden Abschnitten gehen.

Die Mimik

Ihre Mimik besteht aus allen Bewegungen Ihrer **Gesichtsmuskulatur.** Möchte ein anderer Mensch also Ihre Mimik interpretieren, legt er den Fokus auf Ihre Augen, Ihren Mund, die Lippen sowie auf Ihre Wangen- und Stirnmuskulatur. Hat eine andere Person also Ihren Gesichtsausdruck ins Visier genommen, dann möchte sie daraus ablesen, wie es Ihnen innerlich geht. Denn durch Ihre Mimik zeigen Sie Ihrer Außenwelt, wie Sie sich fühlen und was Sie gerade emotional bewegt.

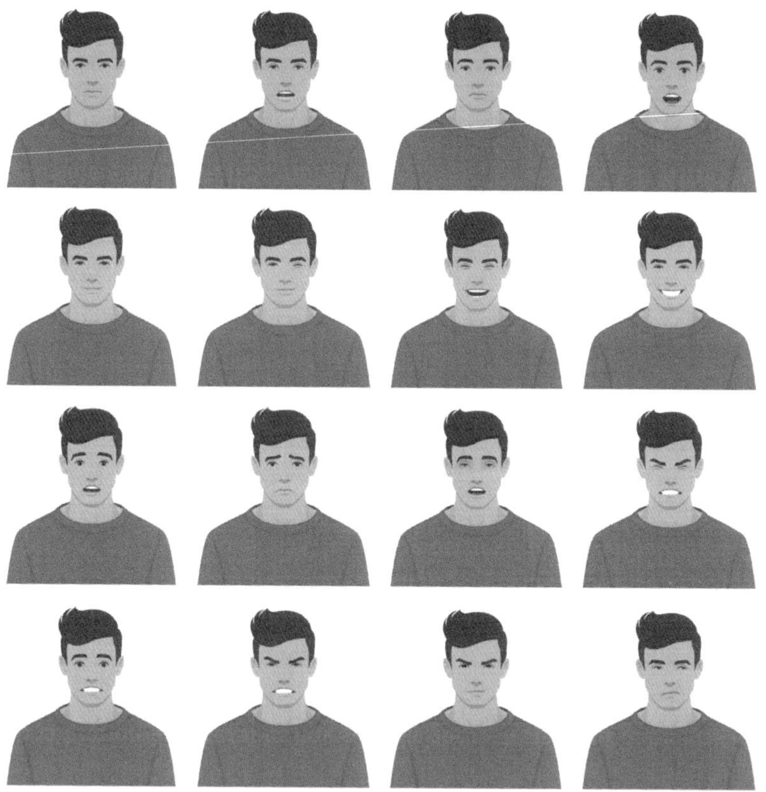

In der damaligen Zeit war es sogar überlebensnotwendig, die Emotionen der anderen richtig zu interpretieren, da diese Fähigkeit dazu diente, die Gemeinschaft vor Gefahren zu warnen. Das bemerken Sie wahrscheinlich auch heute noch, wenn Ihnen z. B. eine Person aus Ihrem sozialen Umfeld eine schlechte Nachricht überbringen muss. Meistens braucht dieser Mensch gar nichts weiter zu sagen. Sie wissen zumeist schon intuitiv, was der andere durch seine Mimik ausdrücken möchte. So gesehen ist jeder Mensch auf dieser Welt ein Experte darin, die Emotionen anhand des Gesichtsausdrucks zu erkennen. Unsere mimischen Bewegungen sind kulturübergreifend gleich und können von jedem Menschen verstanden werden. Zu dieser Erkenntnis kam jedenfalls der Psychologe Paul Ekman. Auf Grundlage seiner Erkenntnisse stellte er fest, dass es allgemein sieben Basisemotionen gibt, die Menschen in jedem Land erkennen können. Doch welche Emotionen sind das und wie zeigen Sie sich in Ihrem Gesicht? Zu den weltweit anerkannten Basisgefühlen zählen:

Freude: Sobald Sie sich über etwas freuen, wirkt Ihre Stirnmuskulatur entspannt und um Ihren Mund herum bilden sich kleine Lachfältchen. Ihre Wangen sind leicht angezogen und die Mundwinkel zu einem Lächeln geformt.

Wut: Bei der Emotion Wut ziehen Sie Ihre Augenbrauen meist intuitiv nach unten und kneifen zeitgleich Ihre Augen fest zusammen. Ihre Nasenflügel stehen weiter auseinander und Ihre Lippen haben Sie mit Druck zugepresst.

Angst: Wenn Sie sich vor etwas fürchten, dann ziehen Sie meist Ihre Augenbrauen leicht nach oben und Ihre Augen sind weit aufgerissen. Intuitiv ziehen Sie Ihre Nase leicht nach oben und die Mundwinkel werden auseinandergezogen.

Ekel: Empfinden Sie Ekel, dann ziehen Sie meist Ihre Oberlippe leicht nach oben und Ihre Unterlippe schiebt sich leicht nach vorne. An Ihren Nasenflügeln und Ihren Mundwinkeln kommt es zu sichtbarer Faltenbildung, Ihre Nase ist leicht hochgezogen.

Trauer: Bei Traurigkeit hängen Ihre Mundwinkel klar sichtbar nach unten, Ihr ganzer Blick wirkt starr und die Wangen sind erschlafft.

Überraschung: Wenn Sie von irgendetwas überrascht werden, dann reißen Sie Ihre Augen meist weit auf. Ihre Wangen wirken angespannt und Ihr Mund ist leicht geöffnet.

Verachtung: Wenn Sie für jemanden Verachtung empfinden, dann erkennt man das meist daran, dass Ihr Blick starr wirkt und Ihre Wangen leicht nach oben gehen. Außerdem heben Sie unbewusst die Mundwinkel leicht an.

Jetzt sind Sie an der Reihe!
Schauen Sie doch selbst einmal, wie gut Sie die Emotionen Ihrer Mitmenschen interpretieren können. Beobachten Sie zum Beispiel beim nächsten Meeting einmal ganz genau die Mienen Ihrer Kollegen. Welche Ausdrücke können Sie erkennen und was sagen sie über den derzeitigen Gemütszustand Ihrer Kollegen aus? Gibt es Mitarbeiter, die vielleicht den gleichen Gesichtsausdruck aufweisen? Was könnten sie in diesem Moment wohl denken? Lassen Sie Ihre Beobachtungen danach einmal auf sich wirken. Was konnten Sie aus Ihren Beobachtungen lernen und wie können Sie die Kraft der Mimik am besten für Ihre nächste Präsentation nutzen, um selbst Ihrem Publikum die richtigen Emotionen zu übermitteln? Machen Sie sich einmal Gedanken zu diesen Fragen und nutzen Sie Ihre Offenbarungen, um Ihren nächsten Vortrag mit mehr Gefühl zu übermitteln.

Doch was können Sie für sich persönlich eigentlich tun, um sich Ihrer **eigenen Mimik** bewusst zu werden und diese in verschiedenen Situationen korrekt zuzulassen? Im Folgenden finden Sie Tipps und Anregungen, um Ihrer eigenen Mimik einmal auf die Schliche zu kommen:

1. Analysieren Sie, wann Sie emotional reagieren!
Stellen Sie sich dafür einmal die folgenden Reflexionsfragen:

a. Warum gucken Sie manchmal böse?

b. Wovor ekeln Sie sich am meisten?

c. Was macht Ihnen Angst?

d. In welchen Situationen können Sie Ihre Wut nicht unterdrücken und warum?

e. Wann fühlen Sie sich so richtig glücklich?

Versuchen Sie einmal, sich an solche Situationen zurückzuerinnern:

a. Wie hat sich Ihr Gesicht währenddessen angefühlt?

b. Welche Resonanz haben Sie von Ihrem Umfeld in diesen Situationen bekommen?

c. Was können Sie aus diesen Erkenntnissen erschließen?

d. Wo sollten Sie Ihre Mimik vielleicht noch verbessern?

2. Trauen Sie sich ruhig, Ihre Mimik während des Gesprächs zuzulassen! Zugegebenermaßen kann es manchmal ein bisschen schwierig sein, unsere wahren Emotionen zu offenbaren, vor allem in Situationen, die neu und fremd sind. Jedoch sollten Sie den Mut aufbringen und mit Ihrer Mimik spielen, auch wenn es am Anfang vielleicht schwer sein mag. Eine lebhaftere Mimik weckt in Ihrem Gegenüber nämlich Vertrauen. Wenn Sie keine Scheu haben, Ihre Freude, Trauer oder Wut offen zu zeigen, weiß Ihr Gegenüber besser, wie er mit Ihnen umgehen soll. Natürlich sollten Sie Ihre Emotionen so regulieren, dass es in der Situation angemessen ist.

3. Vermeiden Sie Gesichtsausdrücke, die von anderen fehlinterpretiert werden könnten! In der Interaktion mit Anderen gibt es manchmal einfach Gesichtsausdrücke, die unter Umständen falsch verstanden werden, weil sie einfach sehr negativ nach außen wirken. Zu den am meisten fehlinterpretierten Gesichtsausdrücken zählen die drei folgenden, da sie einfach dafür sorgen, dass Sie Ihre positive Ausstrahlung verlieren:

a. Augenbrauen zusammenziehen: An sich kennen wir das alle. Wir denken gerade angestrengt über etwas nach oder sind unbewusst in unseren Gedanken verloren. Viele ziehen in solchen Augenblicken automatisch die Augenbrauen zusammen. Jedoch wird diese Mimik von Ihrem Gegenüber meist als Abweisung empfunden oder so gedeutet, dass Sie über etwas sehr verärgert sind. Aus diesem Grund sollten Sie lieber darauf achten, dass Ihre Augenbrauen entspannt sind. Am besten gelingt Ihnen das, indem Sie sich immer wieder daran erinnern, auf Ihre Brauen bewusst zu achten.

b. Stirn in Falten legen: Diese Mimik nutzen viele gerne, wenn sie angestrengt über etwas nachdenken oder sich auf eine bestimmte Sache fokussieren müssen. Allerdings kann Ihnen das Stirnrunzeln auch als Skepsis angekreidet werden, weshalb Sie gerade bei Personen, die Sie noch nicht so gut kennen, lieber auf eine glatte und entspannte Stirn achten sollten, damit Sie keinen falschen Eindruck hinterlassen.

c. **Eine Augenbraue hochziehen:** Dies sorgt für einen skeptischen Gesichtsausdruck, wodurch Ihr Gegenüber sich schnell eingeschüchtert fühlen könnte. Befolgen Sie am besten dieselben Tipps, die bereits unter Punkt **a** aufgeführt wurden.

Sie haben nun viel über das Thema Mimik dazugelernt. Sie wissen jetzt, welche Muskelgruppen bei der Entstehung Ihres Gesichtsausdrucks beteiligt sind und wie bedeutsam die Mimik ist, um die emotionalen Botschaften eines anderen Menschen zu entschlüsseln. Außerdem haben Sie erfahren, dass Sie stets Ihren eigenen Gesichtsausdruck hinterfragen sollten, damit Sie in sozialen Situationen keinen falschen Eindruck hinterlassen.

Nachdem Sie so viel Neues über die Mimik gelesen haben, folgt nun Input zum essenziellen Gegenspieler, nämlich der **Gestik.** Sie werden erfahren, wann man die passenden Gesten einsetzt und wofür sie eigentlich gut sind.

Die Gestik

Die Gestik umfasst alle Bewegungen, die Sie mit Ihren Händen, Ihren Armen und Ihrem Kopf durchführen, um die gesagten Wörter mit den dazu passenden Gesten zu unterstreichen. So bekommt Ihre Botschaft mehr Nachdruck und kommt bei Ihrem Gegenüber besser an. Anders als bei der Mimik sind Gesten nicht kulturübergreifend. Das Gegenteil ist sogar der Fall. Wenn man beispielsweise in Deutschland oder Österreich den Zeigefinger sowie den Mittelfinger kreuzt und die Hand dann hinter dem Rücken versteckt hält, kann das so interpretiert werden, dass man gerade lügt. In Brasilien hat diese Handgestik eine viel positivere Bedeutung. Man zeigt dieses Handzeichen nämlich, wenn man einer anderen Person sehr viel Glück wünscht. Daraus lässt sich schließen, dass es sowohl positive als auch negative Gesten gibt, die aber im internationalen Vergleich auch ganz anders ausgelegt werden können. Von daher informieren Sie sich vorab immer sehr gut über die Traditionen des jeweiligen Landes, damit Sie nicht ins Fettnäpfchen treten. Doch welche Gesten werden nun hierzulande eher positiv aufgefasst?

Die folgende Übersicht verschafft Ihnen einen Einblick zu der Frage.

Positiv empfundene Gesten	*Negativ empfundene Gesten*
• **zustimmendes Nicken:** Dies symbolisiert die Übereinstimmung mit der Meinung einer anderen Person. Außerdem zeigt es Aufmerksamkeit und Empathie. • **Fäuste in die Luft:** Ist vor allem bei Sportfans ein Muss, um die eigene Mannschaft tatkräftig anzufeuern. Es zeigt Freude, Sieg und Begeisterung. • **Daumen hoch:** Ein klares Zeichen dafür, dass man mit den Aussagen des anderen übereinstimmt oder dass man Gefallen an etwas findet. • **Peace-Zeichen:** Es steht für die Friedensbewegung und das harmonische Zusammenleben der Menschen und wird gerade bei sozialen Events sehr gerne verwendet.	• **das Kopfschütteln:** Diese Geste wird genutzt, wenn man verdeutlichen will, dass man etwas nicht möchte, und kann manchmal auch ein Zeichen für tiefe Ablehnung sein. • **nach unten gerichtete Daumen:** Dies wird immer dann genutzt, wenn man anzeigen möchte, dass man etwas nicht mag oder sogar ablehnt. • **verschränkte Arme vor dem Körper:** Diese Geste ist ein ganz klares Zeichen für Abwehr. Die Arme bilden dabei eine Art Barriere zwischen der Person und ihrer Außenwelt. • **geballte Fäuste:** Diese Handbewegung wird zumeist bei starker Anspannung gezeigt und symbolisiert, dass jemand gerade sehr wütend ist über seine aktuelle Situation. Für manche Personen wird diese Geste auch als Bedrohung angenommen. • **mit den Schultern zucken:** Dieser körperliche Ausdruck kann einerseits Desinteresse sowie Gleichgültigkeit bedeuten. In seltenen Fällen kann es auch eine Form der Unterordnung darstellen oder Ratlosigkeit symbolisieren. • **mit dem Finger an die Stirn tippen:** Wenn Sie dieses Zeichen sehen, kann das als eine Form der Herabwürdigung verstanden werden oder so, dass man von seinem Gegenüber einfach nicht ernst genommen wird.

In der vielfältigen Welt der Körpersprache gibt es also jede Menge Gesten, die alle eine andere Bedeutung haben. Von daher ist es gut, wenn Sie sich mit den wesentlichen Gesten beschäftigen und die tiefergehende psychologische Bedeutung dahinter kennen und verstehen. Auch die Wissenschaftler Ekman und Friesen haben sich der Thematik angenähert und Sie unterscheiden **fünf verschiedene Gestik-Typen:**

Embleme: Diese Form der Gestik verstehen alle Menschen, die zu der gleichen Gesellschaft bzw. der gleichen Kultur gehören. Ein Beispiel wäre zum Beispiel das Händeschütteln, um Hallo zu sagen.

Illustratoren sind eine Form der Gestik, die das Gesagte noch einmal visuell unterstreichen sollen. Ein Beispiel für diese Form der Gestik wäre, wenn man jemandem erklären möchte, wie groß ein bestimmtes Gebäude ist, und dabei die Arme ganz weit auseinanderstreckt.

Affektive Gesten sind sogenannte Mikroausdrücke, um eine Emotion auszudrücken. Solche Gesten sind beispielsweise das Zusammenziehen der Augenbrauen bei Skepsis oder weit aufgerissene Augen bei der Empfindung von Angst.

Regulatoren sind dafür gut, um dem Gegenüber zu signalisieren, dass er zum Beispiel mit seiner Ansprache beginnen kann, indem man ihm ganz kurz zunickt.

Adaptoren: Sie sind dafür gedacht, um überkochende Emotionen zu regulieren. Das kann zum Beispiel der Biss auf die Oberlippe sein, um seine Nervosität zu kontrollieren.

Nun haben Sie sehr viel theoretischen Input zum Thema Gestik in der zwischenmenschlichen Kommunikation erhalten. Gibt es etwas, das neu für Sie war, oder kannten Sie bereits die ganzen Inhalte? Was können Sie aus dem neuen Wissen für sich herausfiltern, das Ihnen dabei hilft, im alltäglichen Leben ein besserer Kommunikator zu werden? Vielleicht klärt sich diese Frage für Sie im nächsten Schritt auf. Nun werden Sie nämlich erfahren, wie Sie Ihre Gesten verbessern können, damit Sie Ihr soziales Umfeld eindrucksvoller von Ihren persönlichen Annahmen überzeugen können.

Tipps zum richtigen Einsatz von Gestiken in der zwischenmenschlichen Kommunikation:

1. Auf das richtige Maß kommt es an! Dafür brauchen Sie zuerst einmal ein wenig Übung und das richtige Gefühl für den Gebrauch von Gesten. Denn zu viel Gestik wirkt schnell zu nervös und sorgt dafür, dass man dem Gesprächsverlauf kaum folgen kann. Zu wenig Gesten werden Ihre Zuhörer schnell langweilen und Sie selbst wirken wahrscheinlich noch desinteressiert und teilnahmslos auf Ihre Umwelt. Trainieren Sie es einfach an passenden Stellen kurz einmal, mit dem Kopf zu nicken, um Interesse zu signalisieren, oder gönnen Sie auch mal Ihren Armen eine Pause, wenn Sie gerade eine wichtige Aussage beendet haben. Probieren Sie sich ruhig ein bisschen aus und schätzen Sie für sich selbst ein, wann Sie zu viel gestikulieren und wann vielleicht zu wenig. Merken Sie sich diese Situationen und versuchen Sie beim nächsten Mal, es besser zu machen und Ihre Fehler zu korrigieren.

2. Nutzen Sie ausschließlich Gesten, die einen positiven Effekt auf Ihre Mitmenschen haben! Nutzen Sie am besten die folgenden Bewegungen, um eine positivere Ausstrahlung zu erreichen:

a. Ihre Hände sollten offen nach oben zeigen sowie für Ihren Gegenüber sichtbar sein, dies symbolisiert nicht nur Ehrlichkeit, sondern auch Neugierde.

b. Benutzen Sie Bewegungen, die von Ihrem Körper wegführen, wie zum Beispiel weit ausgebreitete Arme. Sie zeigen Ihrem Gegenüber Freundlichkeit und bilden eine Vertrauensbasis.

c. Nutzen Sie Handbewegungen, die Ihr Gesagtes noch besser unterstreichen. So können Sie bei einer Aufzählung beispielsweise Ihre Finger verwenden, um die Anzahl noch klarer zu verdeutlichen.

3. Üben Sie Ihren persönlichen Händedruck! Zur Begrüßung geben wir unserem Gegenüber immer die Hand, da es eine Form der Höflichkeit darstellt. Damit Sie bereits mit dieser kleinen Gestik gut punkten können, sollten Sie darauf achten, dass der Händedruck nicht zu schwach ist, ansonsten wirken Sie zu unsicher. Halten Sie die Hand des anderen jedoch zu stark und zu lang in Ihrer eigenen Hand, dann kann das auf Dominanz oder sogar Aggression hinweisen. Von daher ist gutes Training auch hier wieder angebracht, um den perfekten „Handschlag" hinzubekommen.

4. Achten Sie auf ein gesundes Nähe- und Distanz-Verhalten! Sollten Sie sich gerade in einem geschäftlichen Meeting befinden, dann achten Sie darauf, dass Sie Ihrem Geschäftspartner nicht allzu nahetreten und die angemessene Distanz zu ihm wahren. Lassen Sie sich am besten von Ihrer Intuition leiten. Sie wird Ihnen ganz genau anzeigen, welche Gesten gerade angemessen sind, um Ihr Gegenüber nicht zu verschrecken.

5. Verbinden Sie Ihre Mimik und Ihre Gestik gekonnt miteinander! Trauen Sie sich, sowohl Ihre Mimik als auch Ihre Gestik richtig miteinander zu kombinieren, um in Präsentationen sowie Diskussionen einen bleibenden Eindruck zu hinterlassen. Somit können Sie Ihre persönlichen Ansichten zielgerichteter vermitteln. Jedoch ist auch hier das richtige Maß entscheidend dafür, damit Sie Ihre Botschaft auf eine charmante Art und Weise darlegen können. Setzen Sie Ihre Mimik und Gestik daher sehr intuitiv und mit Gefühl ein. So können Sie beispielsweise sehr wichtige Aussagen mit der passenden Geste untermalen. In Gesprächspausen sollten Sie jedoch Ihre Arme ruhen lassen, um eine entspannte Atmosphäre zu unterstützen.

Nun haben Sie zum Thema Gesten hoffentlich viele neue Erkenntnisse gewonnen und wertvolle Impulse erhalten, damit Sie sie in den unterschiedlichsten Unterhaltungen gezielter einsetzen können. Jetzt werden Sie mehr über die dritte wichtige Komponente erfahren, nämlich Ihre Körperhaltung. Sie ist für Ihre Mitmenschen meistens der erste Indikator dafür, ob Sie selbstsicher sind oder nicht. Sie ist zu einem beachtlichen Teil für Ihre Wirkung auf andere Menschen verantwortlich. Im Folgenden erhalten Sie noch mehr Wissen darüber, was Ihre Körperhaltung eigentlich ausmacht und was Sie tun können, um Sie aktiv zu verbessern.

Die Körperhaltung

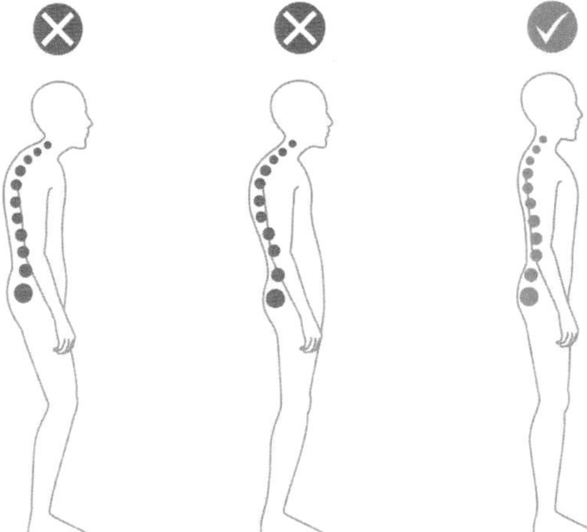

Sie ist der wichtigste Teil Ihrer persönlichen Körpersprache, da sie dafür verantwortlich ist, wie Ihre Ausstrahlung auf andere wirkt, und sie prägt Ihr gesamtes Erscheinungsbild erheblich mit. Eine aufrechte Körperhaltung wird mit Selbstvertrauen und Stärke assoziiert. Nicht umsonst bekommen Sie wahrscheinlich schon seit Ihrer Kindheit beigebracht, dass Sie Ihren Rücken gerade halten, den Bauch einziehen und die Brust rausstrecken sollten. Somit erwecken Sie den Eindruck von Standfestigkeit im Leben und Sie bekommen von Ihren Mitmenschen den nötigen Respekt geschenkt, der notwendig ist, um eine gute Kommunikation auf Augenhöhe zu generieren. Achten Sie in Gesprächen mit anderen darauf, dass Sie sich Ihrem Gegenüber frontal zuwenden, somit können Sie besser auf die Signale achten und den Blickkontakt zu Ihrem Gegenüber halten. Somit schaffen Sie eine lockere Atmosphäre und zeigen Ihrem Gesprächspartner, dass Sie ihn respektieren. Auch bei Präsentationen sollten Sie darauf achten, dass Sie Ihrem Publikum niemals den Rücken zukehren. Das könnte als Respektlosigkeit fehlinterpretiert werden. Doch wie können Sie in so einer stressigen Situation eine selbstsichere Körperhaltung beibehalten?

Haben Sie zum Beispiel die Aufgabe, eine Präsentation zu halten, dann achten Sie am besten darauf, Ihr Körpergewicht gleichmäßig auf Ihre Beine zu verteilen. Stellen Sie Ihre Beine am besten hüftbreit auf. Somit können Sie Ihr Gewicht ganz einfach in die Richtung ausrichten, in die Sie gehen möchten, um zum Beispiel eine Grafik besser zu erklären. Bei längeren Erklärungen sollten Sie berücksichtigen, dass Sie immer mal wieder Bewegungen einbauen und mit Ihrem Körper den gesamten Raum nutzen. Somit können Sie Ihrem

Gesagten mehr Dynamik verleihen. Achten Sie aber auch hier wieder auf das richtige Maß, denn zu viel Hin- und Herlaufen kann Sie unprofessionell wirken lassen. Sie machen dann eher einen nervösen Eindruck auf Ihr soziales Umfeld. Das sollten Sie jedoch unbedingt vermeiden. Wissen Sie manchmal auch nicht, wie Sie Ihre Hände richtig einsetzen sollen? Probieren Sie, sie durch die passenden Gesten aktiv an Ihrer Präsentation zu beteiligen. Versuchen Sie, sie dafür einzusetzen, um Ihren Botschaften den nötigen Nachdruck zu verleihen, damit sie bei Ihrem Publikum besser ankommen. Ein absolutes No-Go wäre, wenn Sie Ihre Hände in Ihren Hosentaschen vergraben oder sie hinter Ihrem Rücken versteckt halten.

Im Allgemeinen lautet die Devise für eine selbstsichere Körperhaltung:

Fühlen Sie sich wie der Hauptcharakter Ihres Lebens und stehen Sie aufrecht und gerade, um Selbstsicherheit und Stärke auszustrahlen.

Doch wie können Sie Ihre Körperhaltung nun konsequent verbessern? Fakt ist, eine aufrechte Körperhaltung ist nicht nur gesund, sondern lässt Sie auch attraktiver auf Ihr Umfeld wirken. Sie gewinnen immer mehr an Selbstvertrauen und können Ihre innere Stärke nach außen erstrahlen lassen.

Probieren Sie daher doch einmal die folgenden Tipps aus:

1. **Halten Sie doch mal kurz Inne.** Nutzen Sie den momentanen Augenblick für einen kleinen Check –in Ihrem Körper. Wie fühlen sich Ihre Arme, Hände und der Rücken an? Was können Sie tun, um jetzt Ihre Körperhaltung aufzurichten? Strecken Sie bewusst den Rücken durch und achten Sie auf eine gerade Ausrichtung des Kopfes. Damit werden Sie Ihrem Körper sicherlich etwas Gutes tun.

2. **Trainieren Sie Ihre Rückenmuskulatur!** Suchen Sie sich gezielt Sportübungen aus, die Ihren hinteren Bereich stärken. Führen Sie Ihre Sporteinheit mindestens 3-mal in der Woche für 45 Minuten durch, damit Sie schnelle Ergebnisse erzielen. Falls Sie noch Hilfe oder Unterstützung benötigen, welche Sportübungen für Sie am besten geeignet wären, dann holen Sie sich doch Ratschläge von einem Personal Trainer ein!

3. **Tragen Sie die passenden Schuhe!** Suchen Sie sich Schuhwerk aus, das zu Ihren Füßen passt, damit Sie Fehlstellungen vermeiden können. Werden Sie sich darüber bewusst, dass Schuhe die Grundlage bilden, damit Sie einen sicheren Stand generieren können. Sobald es drückt oder zu eng ist, verspüren Sie nicht nur unnötige Schmerzen, sondern Ihre Gangart kann auch darunter leiden. Deshalb achten Sie bitte auf die richtigen Schuhe!

Nun haben Sie ein paar Anregungen erhalten, um Ihre Körperhaltung aktiv zu verbessern. Doch was führt längerfristig eigentlich zu einer schlechten Körperhaltung?

- Klassischerweise führen **zu langes Sitzen** und zu wenig Bewegung zu einer schlechten Körperhaltung. Beugen Sie also rechtzeitig vor und bauen Sie auch im Büro immer wieder kleine Bewegungspausen ein. Auch eine erhöhte Tischhalterung für Ihren PC kann Ihnen dabei helfen, Ihre Haltung effizient zu unterstützen, da Sie dazu angeregt werden, Ihre Arbeit im Stehen zu verrichten.
- **Zu einseitige Bewegungen im Alltag** führen ebenfalls zu einer schlechteren Körperhaltung. Wenn Sie Ihre Arbeiten immer wieder auf die gleiche Art und Weise ausführen oder in bestimmten Sitzpositionen zu lange verharren, dann wirkt sich das sehr negativ auf Ihre körperliche Gesundheit aus. Daher ist regelmäßige Bewegung das Schlüsselwort, um aktiv etwas gegen eine schlechte Körperhaltung zu tun. Suchen Sie sich daher verschiedene Sportarten aus, die Ihnen Spaß machen und gleichzeitig Ihre gesamte Körpermuskulatur trainieren.

Ihre Körperhaltung kann außerdem Ihrem Umfeld offenbaren, wie Sie sich **innerlich fühlen.** So können herabhängende Schultern auf Angst oder Trauer hindeuten. Ein nach unten geneigter Kopf kann sowohl Schüchternheit bedeuten als auch eine Form der Unterwürfigkeit sein. Einen wesentlichen Anteil daran, wie Sie sich nach außen hin präsentieren, haben Ihre **eigenen Gedanken** über sich selbst und Ihr **soziales Umfeld**. Sie entscheiden darüber, ob Sie positiv auf Ihre Umstände reagieren oder doch eher negativ durch den Tag gehen. Aus diesem Grund ist eine regelmäßige Gedankenhygiene von großer Wichtigkeit, damit Sie sich authentisch zeigen können. Im folgenden Abschnitt werden Sie nun noch mehr über das Zusammenspiel Ihrer Gedanken und Ihrer damit verbundenen Körperhaltung erfahren.

GEDANKEN SPRECHEN DURCH DEN KÖRPER ODER: DU BIST, WAS DU DENKST

Ihre eigenen Gedanken haben einen wesentlichen Einfluss darauf, wie Sie die Welt um sich herum wahrnehmen und wie Sie die Umstände in Ihrem Leben bewerten. Doch nicht nur das: Ihre Gedanken können sogar Ihre Gesundheit beeinflussen, indem andauerndes positives Denken sogar Ihr Immunsystem stärken kann und ständige Negativität längerfristig dazu führt, dass Sie anfälliger für Krankheiten werden. Wie Sie sehen, ist ein bewusster Umgang mit Ihren Gedanken durchaus angebracht, um nicht nur Ihre Körperhaltung zu verbessern, sondern gleichzeitig etwas Gutes für Ihren gesamten Körper zu tun.

Doch wie entstehen eigentlich Gedanken?

Ein Gedanke kann aus psychologischer Sicht als Vorstufe für eine bestimmte Handlung angesehen werden.

Im Allgemeinen sind Ansichten, Meinungen oder Ideen alles Gedanken, die aus Ihrem **Unterbewusstsein** entsprungen sind. In diesem befinden sich alle bisherigen Prägungen und Annahmen, die Sie über sich und das Leben im Laufe der Zeit gesammelt haben. Wie Sie nun also über eine bestimmte Situation denken, hat sehr viel mit Ihrer eigenen Bewertung zu tun. Lieben Sie es zum Beispiel, vor einem großen Publikum zu stehen und Reden zu halten, weil Ihr Opa bereits ein begnadeter Kommunikator war, von dem Sie viel gelernt haben, dann werden Sie optimistisch der bevorstehenden Herausforderung gegenübertreten. Haben Sie in der Vergangenheit aber schlechte Erfahrungen mit Präsentationen gemacht, da Sie während der Schulzeit schwer gemobbt worden sind, dann werden Sie wahrscheinlich nicht mit sehr viel Enthusiasmus der Aufgabe entgegenblicken. Das ist auch schon der springende Punkt. Konnten Sie bereits seit Ihrer Kindheit ein gesundes Selbstwertgefühl entwickeln und wurden von Ihrem Umfeld gestärkt, dann werden Sie wohl mit sehr optimistischen Gedanken durchs Leben gehen, weil Sie sich Ihrer Stärken und Schwächen bewusst sind und wissen, wie Sie diese gewinnbringend nutzen können.

Haben Sie hingegen die Erfahrung gemacht, dass Sie mit Ihrer Meinung nicht wertgeschätzt werden und Ihre Meinung nicht sehr viel zählt, dann fühlen Sie sich wahrscheinlich in sozialen Situationen unwohler und haben dementsprechend auch negativere Gedanken über sich und Ihre Fähigkeiten. Diese Selbstzweifel spiegeln sich dann auch in Ihrer Körpersprache wider. Sie wollen sich dann wahrscheinlich intuitiv lieber verstecken und Ihre Ansichten über bestimmte Sachverhalte nicht teilen, weil Sie glauben, dass Sie sowieso keinen Wert haben oder keinen interessieren werden.

Dementsprechend wird auch Ihre **Körperhaltung** beeinflusst, die Sie in sozialen Situationen einnehmen. Von daher ist es wichtig, dass Sie möglichst positiv über sich selbst und Ihre bisherigen Erfolge denken. Wie können Sie also nun Ihr Selbstwertgefühl verbessern, um sich in Ihrer Haut wohler zu fühlen und um allgemein selbstbewusster aufzutreten? Im Folgenden erhalten Sie einige Anregungen dafür, Ihren eigenen Wert wieder mehr zu erkennen und zu verbessern.

Wie Sie sehen, hat Ihr eigenes Selbstwertgefühl einen wesentlichen Anteil daran, welche Gedanken Sie wählen und wie Sie sich anderen Menschen präsentieren.

Anregungen zur Verbesserung Ihres Selbstwertgefühls:

1. Überprüfen Sie Ihre Glaubenssätze!

Kommen Ihnen die folgenden Aussagen bekannt vor?

a. „Ich schaff das sowieso nicht!"
b. „Ich werde eh versagen!"
c. „Es ist wichtig, dass andere mich mögen."
d. „Ich habe keine Chance."

Sollten Sie solche Gedanken öfter haben, dann sollten Sie schleunigst an Ihrem Mindset arbeiten. Am besten nehmen Sie sich jetzt einmal einen Augenblick Zeit und schreiben alle negativen Annahmen auf, die Sie über sich selbst in Ihrem Unterbewusstsein abgespeichert haben. Anschließend nehmen Sie sich Ihre Liste zur Hand und formulieren alle negativen Aussagen ins Positive um.

Ein Beispiel könnte sein: „Ich habe keine Chance." = „Ich werde es probieren und selbst wenn ich scheitern sollte, dann habe ich wenigstens an Erfahrung dazu gewonnen."

Formulieren Sie nun alle Sätze nach diesem Muster um. Legen Sie nun das neue Dokument mit den positiven Annahmen auf Ihren Schreibtisch. Als kleines Ritual können Sie nun jeden Tag, bevor Sie mit Ihrer Arbeit beginnen, zuerst den Zettel mit den positiven Formulierungen zur Hand nehmen und sich diese immer wieder vorlesen. Wiederholen Sie diesen Vorgang so lange, bis Ihr Unterbewusstsein die neuen Selbstannahmen akzeptiert hat und Sie sich besser fühlen.

2. Bauen Sie bewusst kleine Erfolgserlebnisse in Ihren Alltag ein! Schreiben Sie sich zu Beginn Ihres Tages genau auf, was Sie heute erreichen möchten. Haken Sie nacheinander die absolvierten Aufgaben ab. Sie werden merken, wie Sie sich innerlich leichter fühlen, da Sie die Versprechen an sich selbst gehalten haben und alle geplanten Tätigkeiten geschafft haben. Nehmen Sie sich außerdem ein kleines Tagesziel vor, welches Sie aus Ihrer Komfortzone herausholt, und ziehen Sie es tatsächlich durch. Sie werden merken, wie Sie sich bereits nach einer Woche deutlich besser fühlen werden. Ein weiterer wichtiger Punkt ist, dass Sie Ihre Erfolge auch ruhig feiern können. Gönnen Sie sich etwas Gutes, indem Sie nach einem sehr erfolgreichen Tag beispielsweise ein entspannendes Bad nehmen, um sich selbst zu belohnen.

3. Stärken Sie Ihre Resilienz! Wer gelernt hat, mit Rückschlägen effizient umzugehen, der wird mit der Zeit auch eine selbstbewusstere Körperhaltung erreichen. Verarbeiten Sie daher negative Erlebnisse, indem Sie ihnen eine neue Bedeutung zuschreiben. Wenn Sie beispielsweise von Ihrem Chef ignoriert und Ihre Aussagen nicht in Betracht gezogen wurden, dann stecken Sie nicht gleich den Kopf in den Sand. Sagen Sie sich innerlich einfach immer wieder, dass Sie beim nächsten Meeting mit starker Stimme Ihre Meinung vertreten werden, egal, was andere in diesem Moment vielleicht über Sie denken könnten, und setzen Sie den Vorsatz dann auch wirklich in die Tat um. Sie werden sehen, wie Sie danach aufrechter in Ihrem Stuhl sitzen werden, weil Sie einfach stolz auf sich sind.

4. **Schauen Sie sich einmal ganz genau Ihr soziales Umfeld an und machen Sie eine ehrliche Bestandsaufnahme!** Gibt es Menschen in Ihrem Umfeld, die Ihnen nicht mehr guttun, weil sie Sie viel zu oft runterziehen und Sie ständig nur kritisieren? Solche Menschen brauchen Sie nicht mehr, wenn Sie ein gesundes Selbstwertgefühl aufbauen möchten. Trennen Sie sich also von Kontakten, die Sie nicht mehr weiterbringen, und umgeben Sie sich lieber mit positiven Menschen, welche die gleiche Vision haben wie Sie.

5. Die Power-Pose! Sie hilft vor allem dann, wenn es mal schnell gehen soll. Durch das Einnehmen der Pose, zum Beispiel vor einem Vortrag, soll Ihr Selbstwertgefühl in Sekundenschnelle erhöht werden und mögliche psychologische Blockaden werden verringert. Stellen Sie sich dafür fest auf den Boden, die Beine sind hüftbreit auseinandergestreckt. Halten Sie Ihren Rücken gerade und lehnen Sie sich mit Ihren Schultern leicht zurück. Die Arme legen Sie selbstbewusst an die Hüften und Ihr Kopf ist gerade nach oben gestreckt. Halten Sie diese Pose für etwa zwanzig Sekunden. Sie werden merken, wie Sie sich danach deutlich besser fühlen werden.

Wie Sie sehen, können Sie selbst bereits sehr viel tun, um Ihre Gedanken in eine positivere Richtung zu lenken, und gleichzeitig noch etwas Gutes für die Gesellschaft tun. Nachdem Sie sich immer wieder aus Ihrer eigenen Komfortzone bewegt haben, werden Sie nach einiger Zeit auch bemerken, wie sich Ihre Körperhaltung verändert. Ihr Gang wird aufrechter sein und Sie werden mehr darauf achten, Ihre Schultern aufzurichten. Sie werden sich einfach gut fühlen und das auch genauso ausstrahlen. Doch an welchen Merkmalen lässt sich noch eine sichere Erscheinung erkennen und was sind die Besonderheiten, wenn jemand eher unsicher wirkt? Dieser Frage wird der nächste Abschnitt auf den Grund gehen.

Die sichere Erscheinung vs. die unsichere Erscheinung

Ihr alltägliches Leben ist wahrscheinlich von vielen Herausforderungen geprägt und in jedem Lebensbereich gibt es irgendeine Person, die irgendwelche Erwartungen an Sie hat. Ob Sie nun im Job gut performen oder Ihre Kinder in der Schule vertreten sollen, ein sicheres Auftreten ist Pflicht, damit Sie nicht von Ihrem sozialen Umfeld untergebuttert werden. Sobald Sie auch nur an einer Stelle Schwäche zeigen, sieht man das natürlich auch an Ihrer Körpersprache und Sie werden wahrscheinlich geringgeschätzt und haben es schwerer, sich Respekt zu verschaffen. Aus diesem Grund ist eine sichere Erscheinung von großer Bedeutung, damit Sie in Ihren Aufgabenbereichen besser punkten und größere Erfolge erzielen können. Doch wie unterscheidet sich eine sichere Erscheinung von einer unsicheren Erscheinung? Dies wird im Folgenden näher erläutert:

1. **Die sichere Erscheinung:** Sie zeichnet sich dadurch aus, dass die Person ihren Selbstwert kennt, und das strahlt sie auch nach außen hin aus. Wer sich sicher fühlt in seiner Haut, steht mit beiden Beinen fest im Leben und hat keine Probleme damit, sein Gegenüber mit einem souveränen Augenkontakt zu fesseln. Das Gefühl für den richtigen Einsatz von Mimik und Gestik ist perfektioniert worden und man weiß daher ganz genau, wie beides optimal eingesetzt werden kann, um souverän auf andere Personen zu wirken. Eine klare und laute Stimme ist vorhanden, um die relevanten Botschaften selbstsicher zu kommunizieren. Die Gedanken sind auf positive Ziele gerichtet und man ist der großen Überzeugung, dass man diese auch schafft.

2. Die unsichere Erscheinung: Sie erkennt man daran, dass der Blick ständig zu Boden gesenkt wird, was eine Kontaktaufnahme erschwert. Kommt es doch mal zu einem Blickkontakt, dann werden die Augen suchend im Raum hin- und herbewegt oder es wird öfter weggeschaut. Die Schultern sind leicht nach vorne geneigt und der ganze Oberkörper wird leicht nach unten gerichtet. Die Stimme kann unter Umständen etwas leiser wirken, wodurch es manchmal schwierig ist, das Gesagte genau zu verstehen. Die Gedanken kreisen ständig darum, etwas falsch zu machen oder nicht gut genug zu sein.

Nun haben Sie einen kleinen Vergleich erhalten und wissen, was von einer sicheren Erscheinung erwartet wird und wie sich eine unsichere Erscheinung zeigen kann, obwohl Sie beachten sollten, dass die Gründe für eine unsichere Erscheinung vielseitig sein können. Sollten Sie so ein Verhalten bei jemandem beobachten, dann beachten Sie, dass auch ein Mensch mit Autismus Schwierigkeiten haben kann, den Blickkontakt lange genug zu halten, oder dass ein Mensch mit einer sozialen Phobie ebenfalls große Schwierigkeiten haben kann, sich selbstbewusst zu zeigen. In solchen Fällen sollten Sie die Körpersprache nicht negativ bewerten und die besonderen Bedürfnisse der Betroffenen respektieren.

Doch wie können Sie allgemein Ihre Körpersprache verbessern und Ihre Gedanken in eine positivere Richtung lenken, um sich selbstsicherer bei anderen Menschen zeigen zu können? Im Folgenden finden Sie einige Impulse, um sich von negativen Einflüssen zu befreien, die Ihre Ausstrahlung eindämmen.

Ballast abwerfen

Machen Sie doch mal eine seelische Bestandsaufnahme. An welchen hinderlichen Prinzipien oder Annahmen über sich und das Leben halten Sie immer noch fest, obwohl das schon längst der Vergangenheit angehört? Welche negativen Gedanken sind in Ihrem Kopf vordergründig vorhanden? Haben Sie vor etwas Bestimmtem Angst oder machen Sie sich unnötig Sorgen? Nehmen Sie sich jetzt mal Zeit für sich und denken Sie über die folgenden Reflexionsfragen nach:

- Von welchen Gedanken kann ich mich momentan nicht lösen und warum?
- Halte ich meine eigentlichen Gedanken und Gefühle bewusst unter Kontrolle, um in meinem Umfeld nicht unnötig anzuecken?
- Welche negative Erfahrung aus der Vergangenheit hängt mir bis heute immer noch nach und verdunkelt meine Gedanken?
- Wie kann ich meine negativen Gedanken durch positivere ersetzen, um wieder neue Motivation für meine alltäglichen Aufgaben zu bekommen?
- Mit wem bin ich noch im Streit und warte indirekt auf eine Entschuldigung?
- Welchen Glaubenssätzen aus meiner Kindheit schenke ich heute noch viel zu viel Aufmerksamkeit?

Entrümpeln Sie alte und überholte Denkmuster und ersetzen Sie sie durch kraftspendende Affirmationen. Dies gelingt Ihnen am besten, indem Sie die ganze Negativität einfach loslassen. Probieren Sie doch einmal eine Meditation, die Sie dabei unterstützt, sich von alten Vorstellungen und Gefühlen zu lösen.

Meditationsübung:
Nehmen Sie sich einmal ein paar Minuten Zeit, um im Hier und Jetzt anzukommen. Legen Sie sich dafür auf eine weiche Unterlage und machen Sie sich Entspannungsmusik an. Wenn Sie so weit sind, schließen Sie Ihre Augen und atmen ein paar Male tief ein und wieder aus. Diesen Vorgang wiederholen Sie so oft, bis Sie merken, dass Sie innerlich zur Ruhe gekommen sind. Wenn Sie so weit sind, dann stellen Sie sich vor Ihrem inneren Auge Ihre ganzen negativen Erfahrungen, inneren Glaubenssätze und Personen vor, die Ihnen momentan die Energie rauben. Vielleicht sehen Sie einen riesigen Klassenraum, in den Sie alle Menschen einladen, mit denen Sie jetzt noch im Unfrieden sind. Können Sie auch eine Tafel sehen, auf welcher all Ihre negativen Glaubenssätze geschrieben stehen? Gehen Sie zu dieser hinüber und wischen Sie die ganzen negativen Sätze mit einem nassen Schwamm einfach weg. Sie existieren jetzt nicht mehr. Sobald Sie fertig sind und auf der Tafel kein Schriftzug mehr zu sehen ist, können Sie sich den Personen zuwenden, die sich ebenfalls im Raum befinden. Gehen Sie zu jeder Einzelnen hin und sagen Sie ihr, was Sie schon immer äußern wollten. Sobald Sie mit jeder Person gesprochen haben, lassen Sie die Szene einfach wieder vor Ihrem inneren Auge verschwinden. Lassen Sie die Eindrücke kurz auf sich wirken und wenn Sie so weit sind, können Sie mit Ihrem Bewusstsein wieder im Raum ankommen und Ihre Augen öffnen.

Machen Sie sich nun noch einige Gedanken zu Ihrem Erlebten. Schreiben Sie die prägendsten Empfindungen auf ein Blatt Papier. Lassen Sie Ihren Gefühlen freien Lauf und wenn Sie so weit sind, dann verbrennen Sie das Schriftstück, um symbolisch zu verdeutlichen, dass Sie sich von dem ganzen alten Ballast lösen. Diese emotionale Reinigung wird Sie dabei unterstützen, sich wieder wohler in Ihrer Haut zu fühlen und ein Stück weit selbstbewusster durchs Leben zu gehen. Sie werden merken, wie Sie sich nach dieser Session wieder mehr aufrichten, was sich dann auch in Ihrer Gangart widerspiegeln wird. Denn eine positive Einstellung verhilft Ihnen längerfristig zu einer offenen und aufrechten Körperhaltung. Sobald Sie sich also innerlich gestärkt fühlen, werden Sie merken, wie Sie im Alltag ganz automatisch mehr die Brust rausstrecken und Ihre Schultern nach hinten lehnen, um Ihren Optimismus zu versprühen.

Überzeugungskraft durch Rapport erhöhen und das Spiegeln

Vor allem für den beruflichen Erfolg ist es unabdingbar, dass Sie ganz genau wissen, wie Sie durch die richtigen Kommunikationsmittel eine solide Geschäftsbeziehung zu potenziellen Kunden sowie Geschäftspartnern aufbauen können. Dieser Vorgang wird in der Psychologie auch als **Rapport** bezeichnet.

> Der Begriff **Rapport** beschreibt eine momentane, vertrauensvolle Beziehung zwischen zwei Individuen, die durch gegenseitige empathische Aufmerksamkeit geprägt ist – dies bedeutet, dass beide Personen miteinander in „gutem Kontakt" stehen.

Je besser also der Rapport zwischen zwei Partnern ist, desto eher besteht die Möglichkeit, dass sie durch kooperatives Zusammenarbeiten, vor allem auch in schwierigen Projekten, einen gewinnbringenden Erfolg erzielen können. Doch wie bemerken Sie in der Praxis eigentlich einen guten Rapport? Haben Sie schon einmal bemerkt, dass, wenn Sie sich mit einer Person sehr gut verstehen, Sie automatisch Ihre Körperhaltung an diese Person anpassen? Sie befinden sich dann so gesehen auf einer gemeinsamen Wellenlänge, die andere von außen auch klar erkennen können. Ein weiteres Beispiel für einen klassischen Rapport wäre, wenn Sie sich intuitiv an die Kleiderwahl Ihres Gegenübers anpassen. Somit haben Sie eine größere Chance, Sympathiepunkte zu ernten, und wenn Sie beispielsweise gerade einem potenziellen Kunden gegenübersitzen, ist die Wahrscheinlichkeit höher, dass er bei Ihnen auch wirklich etwas kauft.

Probieren Sie doch einmal die folgenden Möglichkeiten, um andere Personen von einem bestimmten Sachverhalt zu überzeugen:

1. Legen Sie den Fokus auf das gemeinsame Ziel! Versuchen Sie zuallererst einmal, eine Gemeinsamkeit zu finden, also eine Sache, von der Sie z. B. beide überzeugt sind. Wollen Sie beispielsweise einen Kunden von einem Produkt überzeugen, dann glänzen Sie mit Fachwissen und verdeutlichen Sie, dass Sie beide nur die beste Qualität möchten. Das kann den anderen zum Umdenken anregen.

2. Zeigen Sie Verständnis! Versuchen Sie, sich in die andere Person hineinzuversetzen und ihre Beweggründe zu verstehen. Sobald Sie herausgefunden haben, was Ihrem Gegenüber wirklich wichtig ist, dann können Sie genau an diesem Punkt ansetzen und sich auf die Augenhöhe des anderen begeben, um anschließend Ihre Sicht der Dinge noch einmal darzulegen. So erschaffen Sie gegenseitig ein viel harmonischeres Gesprächsklima.

3. Bieten Sie Kompromisse an! Überlegen Sie sich vor dem Gespräch nicht nur, welche Ziele Sie erreichen möchten, sondern auch, worauf Sie unter Umständen auch getrost verzichten können. Ziehen Sie auch in Betracht, dass Sie nicht an alle Punkte des Vorhabens gedacht haben und Ihr Gegenüber eventuell noch gute Ideen liefern kann. Wollen Sie beispielsweise ein Auto verkaufen, dann können Sie sich schon einmal darauf einrichten, dass beim Preis verhandelt wird und Sie sehr überzeugend Ihre Vorstellungen darlegen sollten, um nicht ausgenommen zu werden.

4. Gewinnen Sie ein Gefühl für das richtige Timing! Sollten Sie bemerken, dass Ihr Gegenüber momentan nicht in der Stimmung dazu ist, mit Ihnen zu verhandeln, dann sollten Sie das respektieren und mit dem Thema zu einem späteren Zeitpunkt beginnen. Wichtige Dinge sollten nie einfach so zwischen Tür und Angel besprochen werden. Sorgen Sie daher für die richtige Atmosphäre und den richtigen Zeitpunkt, um Ihr anliegen zu diskutieren.

Nun, da Sie wissen, wie Sie Ihre Standpunkte überzeugender kommunizieren können und worauf Sie bei Verhandlungen auch bei Ihrem Gegenüber achten sollten, wird der Fokus auf die folgende Frage gelegt: **Wie können Sie in der Kommunikation einen guten Rapport hinbekommen?**

Die zwei wesentlichen Bestandteile, damit Ihnen ein **professioneller Rapport gelingen kann, sind einmal das Spiegeln** der Körpersprache des anderen und das **Angleichen an das Sprachmuster** des Gegenübers. Außerdem ist es ratsam, wenn Sie sich mit Ihren Aussagen direkt auf Ihr Gegenüber beziehen.

Dies gelingt Ihnen am besten mit den folgenden Strategien:

1. Das Verhalten des Gesprächspartners spiegeln! Dabei werden alle verbalen sowie nonverbalen Bewegungen des anderen in leicht abgeänderter Form nachgeahmt. Somit fällt es Ihnen leichter, sich auf den anderen einzustimmen und ihn dort abzuholen, wo er gerade steht. Ganz intuitiv passen Sie dabei Ihr Verhalten an das Ihres Gegenübers an, wodurch auf unbewusster Ebene eine Vertrauensbasis geschaffen wird. Durch die wahrgenommenen Ähnlichkeiten in der Kommunikation wird somit eine solide Basis geschaffen, um eine gegenseitige Beziehung zueinander aufzubauen.

2. Spiegeln Sie die Stimme Ihres Gegenübers! Passen Sie sich der Tonlage und Lautstärke Ihres Gesprächspartners an. Somit findet Kommunikation im Gleichklang statt. Sie können auch ähnliche Wörter wie Ihr Gegenüber nutzen oder ganz besonders die Schlüsselwörter des Gesagten hervorheben, um zu zeigen, dass Sie aufmerksam zuhören.

3. Lernen Sie, über Kreuz die Gesten Ihres Gegenübers zu spiegeln! Kratzt sich Ihr Gegenüber beispielsweise gerade am Kinn, dann können Sie sich am Handballen kratzen. Wenn der andere mit einem Fuß wippt, dann wippen Sie mit einem Bein. Sie wählen also einen anderen Körperteil und ahmen an diesem dann die Bewegungen des Gegenübers nach.

4. Zeitlich versetztes Spiegeln der Körperbewegungen! Wenn sich Ihr Gegenüber beispielsweise an einer Augenbraue kratzt, dann können Sie das einige Momente später genauso tun. Aber passen Sie auf, dass Sie diese Variante nicht zu oft anwenden, ansonsten wird Ihr Gegenüber irgendwann skeptisch.

Nun haben Sie einige Beispiele bekommen, um den Rapport während eines Gesprächs möglichst schnell zu verbessern. Halten Sie sich einfach vor Augen, dass Sie sich auf die Körpersprache des Gegenübers „einschwingen" sollten, um einen guten Rapport zu garantieren. Somit schaffen Sie eine gute Vertrauensbasis und der empathische Umgang mit Ihrem Gegenüber ist somit definitiv auch gegeben. Doch wie können Sie lernen, einen guten Rapport zu einem anderen Menschen hinzubekommen? Im Folgenden finden Sie einige Übungen dazu:

1. Gehen Sie mit offenen Augen durch die Welt! Egal, wo Sie gerade sind, beobachten Sie, ob zwischen den verschiedensten Personen ein Rapport besteht oder nicht. Reflektieren Sie sich auch selbst immer wieder in Gesprächen, ob es Ihnen bereits gelingt, einen guten Rapport aufzubauen.

2. Spiegeln Sie Ihre Mitmenschen! Wenn Ihr Gegenüber beispielsweise mit dem Fuß wippt, dann beginnen Sie ebenfalls, mit dem Fuß zu wippen. Wenn er mit dem Daumen gestikuliert, dann versuchen Sie, dies in einem passenden Augenblick zu spiegeln. Das machen Sie so lange, bis Sie merken, dass Sie ein Gespür dafür entwickelt haben, in welchen Momenten Sie am besten die Verhaltensweisen Ihres Gegenübers spiegeln sollten und in welchen besser nicht.

3. Telefonieren Sie mit einem Freund! Während des Gesprächs passen Sie sich dann bewusst der Sprechgeschwindigkeit des anderen an und übernehmen auch seine Lautstärke. Beachten Sie seine Lieblingsformulierungen und nutzen Sie sie selbst immer wieder während des Gesprächsverlaufs! Wie verändert sich dadurch die Gesprächsatmosphäre? Fühlt sich der andere eher verstanden oder doch nicht? Was würden Sie beim nächsten Gespräch anders machen?

4. Verändern Sie bewusst die Stimmung Ihres Gegenübers! Das gelingt Ihnen am besten, wenn Sie sich zuerst an die derzeitige Stimmung Ihres Partners anpassen, um sie anschließend in eine positivere Richtung zu verändern. Wenn Sie beispielsweise bemerken, dass der andere heute einen schweren Tag hatte, dann orientieren Sie sich zunächst an dieser Grundstimmung. Versuchen Sie aber, während des Gesprächs die Laune durch die richtige Wortwahl und die exakte Spiegelung der Körpersprache in eine positivere Richtung zu lenken.

5. Nutzen Sie „Small Talk", um Ihren Rapport weiterhin zu verbessern! Reden Sie mit den unterschiedlichsten Leuten aus den verschiedensten gesellschaftlichen Schichten, um Ihre Rapport-Kompetenz weiter auszubauen.

Dank dieses Abschnitts wissen Sie nun, was *Rapport* bedeutet und wie Sie ihn nutzen können, um zu neuen Personen eine solide Vertrauensbasis aufzubauen und vor allem im beruflichen Leben mehr Erfolge zu erzielen. Außerdem haben Sie erfahren, wie Sie mithilfe der bewussten Spiegelung mehr Feingefühl für die Körpersprache anderer Personen bekommen und sich somit besser in sie hineinfühlen können.

Nun werden Sie etwas darüber lesen, welche Widersprüche es manchmal zwischen verbaler Kommunikation sowie der Körpersprache geben kann und welche Strategien Sie anwenden können, um solche Diskrepanzen zu überwinden.

Widersprüche zwischen Verbalkommunikation und Körpersprache

Stellen Sie sich einmal die folgende Situation vor:
Sie treffen sich nach vielen Jahren mal wieder mit einer alten Schulfreundin in einem Café. Anfangs scheint die Stimmung auch recht ausgelassen zu sein und sie haben sich sehr viel zu erzählen. Sie erzählen von Ihren beruflichen Erfolgen, Ihrer Familie und was Sie alles gerne in Ihrer Freizeit unternehmen. Die Klassenkameradin schaut Sie an und sagt: „Großartig! Ich freue mich für dich." Dabei fallen ihr aber die Mundwinkel ein und sie schaut verlegen weg. Sie können die Situation nicht richtig abschätzen, da Sie die widersprüchlichen Signale Ihrer Schulfreundin nicht deuten können. Zum einen behauptet sie, sich für Sie zu freuen, zum anderen dreht sie ihren Kopf verlegen weg. Was hat das nur zu bedeuten?

Was denken Sie, warum sendet die Freundin denn widersprüchliche Signale? Machen Sie sich einmal Gedanken zu dieser Frage und schreiben Sie Ihre Antworten stichpunktartig auf.

Mögliche Gründe könnten sein:

- Sie schämt sich für etwas und schaut deshalb in eine andere Richtung!
- Sie hat gerade etwas anderes bemerkt, was um sie herum passiert, und hat deswegen weggeschaut!
- Sie hatte gerade einen Tagtraum und hat anschließend mit ihrer Freundin geredet!
- Sie freut sich nicht über die Neuigkeiten, aber damit sie nicht die Wahrheit sagen muss, schaut sie lieber weg.

Wie Sie sehen, können die Gründe für solch ein Verhalten vielfältig sein. Man weiß nie genau, welche Annahme denn nun eigentlich stimmt. Fakt ist jedenfalls, dass solche Diskrepanzen zwischen dem gesagten Wort und der Körpersprache immer dann entstehen, wenn ein Mensch seine wahren Gefühle lieber verbergen möchte oder sich jemand in seiner Haut sehr unwohl fühlt.

Weitere Beispiele für solche Widersprüchlichkeiten wären:

- Die Oma, die genau weiß, dass Sie eine unheilbare Krankheit hat, aber trotzdem zu ihrer Familie mit einem Lächeln sagt: „Es wird schon alles gut werden!"
- Die betrogene Freundin, die zu ihrer Freundin lachend sagt, „Ach, so großartig war der Typ jetzt auch nicht!", während ihr dabei fast die Stimme wegbricht.

- Die besorgte Mutter, die behauptet, „Ich habe keine Angst um dich, ich weiß, dass du das kannst", während sie mit der Stirn runzelt und sich eine Träne verkneifen muss.

Wie Sie sehen, entstehen diese Widersprüchlichkeiten immer dann, wenn man seine wahren Hintergründe nicht offenbaren möchte und seine Emotionen lieber unter Kontrolle behält, um nicht unnötig für Besorgnis zu sorgen, oder wenn man einer anderen Person etwas bewusst nicht gönnt, dies aber lieber für sich behält.

In diesem Kapitel haben Sie nun sehr viel über die Körpersprache erfahren und darüber, wie Sie sie gezielt einsetzen können, um mit Ihren Mitmenschen in Kontakt zu treten. Sie haben wahrscheinlich viele neue Erkenntnisse gewonnen, die Sie nun direkt in der Praxis umsetzen können.

Im nächsten Kapitel wird der Fokus ganz auf Ihrer Selbstkommunikation liegen. Sie werden erfahren, wie Sie erfolgreich mit sich selbst kommunizieren können, um somit spielend leicht Ihre Ziele zu erreichen. Außerdem werden Sie die Grundprinzipien erfahren, die es Ihnen ermöglichen, das innere Selbstgespräch effektiv zu nutzen.

Erfolgreiche Selbstkommunikation

Das kennen Sie bestimmt auch: Sie stehen vor einer großen und wichtigen Prüfung. Genau an diesem Tag sind Sie nervös, aber damit es Ihnen besser geht, fangen Sie intuitiv damit an, sich selbst gut zuzureden. Sie sagen innerlich Sätze wie:

- „Ich schaffe das!"
- „Ich habe viel gelernt und verfüge daher über das nötige Wissen!"
- „Ich habe bisher jede Prüfung bestanden!"
- „Ich werde gute Ergebnisse erzielen."

Das sagen Sie sich immer wieder, bis Sie merken, dass Sie sich **innerlich beruhigt** haben. Das **innere Selbstgespräch** hat also viele positive Effekte auf Ihre psychische Gesundheit. Sie fühlen sich dadurch eben nicht nur leichter, sondern können sich selbst auch motivieren, um konsequent Ihre Leistungen zu verbessern. Ein positiver innerer Dialog kann auch dazu beitragen, dass Sie sich attraktiver und selbstbewusster fühlen, wodurch sich auch Ihre Ausstrahlung ins Positive verbessert. Selbstkommunikation ist auch ein wichtiger Schlüsselfaktor, wenn es um Ihre **Resilienz** geht, also Ihre seelische Widerstandskraft. Denn selbst in extremen Stresssituationen kann die nach innen gerichtete Kommunikation Sie dabei unterstützen, belastende Ereignisse besser zu bewältigen. Indem Sie den Fokus immer wieder auf das Positive lenken und sich selbst nach schweren Schicksalsschlägen innerlich Mut zusprechen, können Sie leichter einen Sinn in Ihren Umständen erkennen. Haben Sie beispielsweise einen guten Job verloren, so können Sie in der Schockphase damit beginnen, sich immer wieder auf die positiven Aspekte zu fokussieren, und Ihr angeschlagenes Selbstwertgefühl verbessern, indem Sie sich auf Ihre **bisherigen Erfolge** beziehen. Sie können sich innerlich immer wieder sagen, dass dieser Umstand nur vorübergehend sein wird und Sie in naher Zukunft sicherlich eine neue Arbeitsstelle finden werden. Somit können Sie sich selbst wieder aufbauen und motivieren, damit Ihnen der Übergang zu Ihrer neuen Lebensphase deutlich leichter fällt. Jedoch gibt es auch Personen, die ständig nur das Negative an einer Situation erkennen können, wodurch sie sich selbst erheblichen Schaden zufügen können. Angststörungen sowie Depressionen können die Folge von anhaltenden negativen Selbstgesprächen sein.

Sollten Sie sich selbst in dieser Beschreibung wiederfinden, dann ist es wichtig, dass Sie regelmäßig eine „**Gedankenhygiene**" durchführen und sich von negativen inneren Aussagen bewusst trennen. Gehen Sie der Ursache auf den Grund und schämen Sie sich nicht dafür, eventuell auch eine **Therapie** in Anspruch zu nehmen. Sie haben nur das eine Leben und daher sollten Sie es in vollen Zügen genießen und nicht durch negative Gedanken unnötig erschweren. Haben Sie bereits gelernt, positive Selbstgespräche zu führen, dann werden Sie schon bemerkt haben, wie sich Ihr psychisches Wohlbefinden immer mehr verbessert hat. Sie haben sich innerlich wahrscheinlich leichter und freier gefühlt und viel mehr Energie erhalten, um Ihre alltäglichen Aufgaben zu bewältigen. Doch nicht nur dieser Effekt ist ein großer Pluspunkt von effizienten Selbstgesprächen. Sie helfen Ihnen nämlich auch dabei, Ihre **eigenen Kommunikationsfähigkeiten** konsequent weiterzuentwickeln. Wie Ihnen das am besten gelingt, wird im nächsten Abschnitt noch näher erläutert

Warum ist Selbstkommunikation für eine bessere Kommunikation wichtig?

Auf diese Frage gibt es eine einfache Antwort. Wie Sie im bisherigen Abschnitt bereits gelesen haben, hat eine positive Selbstkommunikation viele **positive Effekte** für Ihre psychische Gesundheit, indem sie dafür sorgen kann, dass Sie sich selbst besser motivieren und auch schwierige Situationen durch eine positive Umdeutung besser handhaben können. Doch nicht nur das sind klare Vorteile von dem richtigen Einsatz der Selbstgespräche.

Durch positive Selbstgespräche bauen Sie selbst effizienter Stress ab und bekommen ein besseres Gefühl dafür, was Sie selbst momentan emotional beschäftigt. Dadurch können Sie Ihre eigenen Bedürfnisse in sozialen Situationen besser erkennen, da Sie einen viel besseren Zugang zu Ihrem Innenleben erhalten. Sie werden bemerken, wie Sie durch Ihre ausgeglichenere Grundhaltung viel empathischer auf Ihr soziales Umfeld reagieren, wodurch die perfekte Grundvoraussetzung geschaffen ist, um mit Ihrem Gesprächspartner offener zu kommunizieren. Sie können also leichter Probleme ansprechen und achten dabei auch auf die richtige Wortwahl. Im sozialen Kontext sind Sie stets bestrebt, eine Lösung zu finden, und beziehen daher alle Standpunkte Ihrer Mitmenschen in Ihre Analyse ein. Eine offene Kommunikationsweise zeichnet sich auch noch dadurch aus, dass Sie eine Atmosphäre schaffen, in der jeder Gesprächsteilnehmer die Gelegenheit bekommt, seine Meinung ehrlich zu äußern, ohne befürchten zu müssen, bei irgendjemandem negativ anzuecken.

Sie merken also, dass positive Selbstgespräche auch Ihr soziales Umfeld positiv beeinflussen können und andere Menschen von Ihrer effizienten Selbstkommunikation profitieren können.

Auch die Fähigkeit zur Selbstreflexion wird durch effiziente Selbstgespräche verbessert. Wenn Sie lernen, Ihr eigenes Handeln stets kritisch zu hinterfragen, können Sie Ihre eigenen Verhaltensweisen besser verstehen und somit konstruktiv verändern.

Mögliche Reflexionsfragen, die Sie sich täglich stellen könnten und außerdem Ihre innere Selbstkommunikation fördern, könnten sein:

- Was habe ich heute in der Kommunikation mit anderen Neues gelernt?
- Mit welchen Worten kann ich heute anderen Leuten ein gutes Gefühl geben?
- Welche Fähigkeit kann ich noch verbessern, um meine eigene Kommunikationsfähigkeit offener zu gestalten?
- Mit welchen Wörtern kann ich mir und anderen ein gutes Gefühl vermitteln?
- Wie kann ich mich beim nächsten Mal bei dieser Aufgabe verbessern?
- Welche Affirmationen könnten mir helfen, damit ich schwierige alltägliche Situationen besser meistern kann?

Durch das bewusste Reflektieren Ihres Kommunikationsverhaltens werden Sie längerfristig nicht nur mehr Wert auf eine positive Wortwahl legen, sondern Sie werden sich auch noch Ihrer Selbst bewusster. Dadurch wird es Ihnen erheblich leichter fallen, die richtigen Lebensentscheidungen zu treffen und in der Kommunikation mit anderen Ihren Standpunkt klar darzulegen.

Auch in **Konfliktgesprächen** und **Diskussionen** kann eine gute Selbstkommunikation hilfreich sein, damit Sie Ihre eigenen Wörter mit Bedacht wählen. So können Sie innerlich erst einmal Ihre eigenen Ansichten klären und kurz innehalten, bevor Sie Ihren Gesprächspartner mit Ihren Ansichten konfrontieren. Somit wird eine Basis geschaffen, in der durch zuvor reflektierte Aussagen eine vernünftige Gesprächsatmosphäre entsteht, in der niemand verbal attackiert wird.

Doch was können noch wichtige Grundprinzipien sein, damit eine effiziente Selbstkommunikation gelingen kann? Der nächste Abschnitt dieses Buches wird dieser Frage auf den Grund gehen.

Grundprinzipien

Damit Selbstgespräche auch wirklich effektiv sind und Sie bei der Bewältigung Ihrer alltäglichen Herausforderungen unterstützen können, sollten Sie einige **Prinzipien** beachten, um das volle Potenzial aus ihnen zu schöpfen.

Die folgenden Regeln können Ihnen dabei helfen, das Beste aus Ihrer Selbstkommunikation herauszuholen:

1. Denken Sie positiv über sich selbst. Solange Sie sich selbst in einem positiven Licht betrachten, wird es Ihnen auch leichter fallen, Ihre Selbstkommunikation zu Ihrem Nutzen einzusetzen. Somit werden Ihnen vor allem schwierigere Herausforderungen leichter von der Hand gehen.

2. Denken Sie lösungsorientiert. Ihr Fokus ist entscheidend dafür, ob Sie sich selbst mit Ihren Worten zu Höchstleistungen motivieren können oder nicht. Damit Ihnen das Finden einer Lösung in herausfordernden Situationen leichter fällt, probieren Sie doch einmal die folgenden Schritte aus.

a. Distanzieren Sie sich innerlich von dem vorliegenden Problem. Damit Sie schneller eine effektive Lösung finden können, versuchen Sie erst einmal, einen kühlen Kopf zu bewahren. Am besten gelingt Ihnen das, wenn Sie sich erst einmal von der stressigen Lage wegbewegen und innerlich zur Ruhe kommen. Dies gelingt Ihnen am besten, indem Sie sich eine kurze Auszeit vom Alltagsstress nehmen und zum Beispiel mithilfe von Meditationen neue Erkenntnisse zur Problematik finden können. Ein ausgeglichener Geist unterstützt Sie außerdem dabei, die richtigen Worte zu finden, um sich innerlich selbst zu motivieren.

b. Trennen Sie für sich das Problem von der Lösung. Wie gelingt Ihnen das am einfachsten? Indem Sie für sich einen neuen Zielzustand definieren und alles daran setzen, diesen auch zu erreichen. Der erste Schritt in die richtige Richtung wäre beispielsweise die Änderung Ihres Mindsets und somit auch Ihres Selbstgesprächs. Formulieren Sie am besten innere Glaubenssätze, die Ihre innere Stärke zum Vorschein bringen und Sie dazu antreiben, das Beste aus sich und der Situation herauszuholen. Mögliche Affirmationen wären beispielsweise:

- „Mein Unterbewusstsein kennt bereits die Lösung des Problems. Ich muss nur zur Ruhe kommen, um die Impulse zu verstehen."
- „Dies ist nun die beste Gelegenheit, um meine Fähigkeiten zu verbessern und über mich hinauszuwachsen."
- „Ich fokussiere mich ausschließlich auf das Endergebnis und das anvisierte Ziel."

c. Werden Sie kreativ und überlegen Sie sich verschiedene Lösungen. Ein weiterer positiver Effekt für eine problematische Situation ist, dass Sie mal wieder so richtig kreativ werden können und verschiedene Herangehensweisen ausprobieren können, um eine schier unlösbare Situation doch noch zu einem guten Ende zu führen. Um sich den Weg zur Lösung zu vereinfachen, kann Ihnen beispielsweise eine Mindmap helfen, um sich einen effektiven Überblick über mögliche Lösungsansätze zu verschaffen.

d. Treffen Sie eine klare Entscheidung. Nachdem Sie sich einen umfassenden Überblick über alle möglichen Lösungen gemacht haben, treffen Sie aus der vielfältigen Auswahl Ihren klaren Weg zum Ziel und verfolgen diesen dann auch bis zum Schluss.

e. Bewerten Sie Ihre Ergebnisse. Nachdem Sie die nötigen Schritte gegangen sind, um zu einer effektiven Lösung des Problems zu kommen, machen Sie einmal eine Bestandsaufnahme und stellen sich die folgenden Fragen:

- War meine Herangehensweise erfolgreich?
- Was könnte ich das nächste Mal besser machen?
- Welcher andere Lösungsweg hätte vielleicht besser zu dieser Situation gepasst?
- Wie hat sich mein Mindset während dieses Prozesses verändert?
- Welche Annahmen und Suggestionen haben mir geholfen, um trotz dieser problematischen Lage einen kühlen Kopf zu bewahren?

3. Geben Sie negativen Situationen einen neuen Rahmen. Damit Sie Ihr persönliches Selbstgespräch dafür nutzen können, ausschließlich positive Sachen in Ihr Leben zu ziehen, versuchen Sie, negative Situationen aus einem positiven Blickwinkel zu betrachten. Versuchen Sie also, negative Gegebenheiten innerlich so umzuformulieren, dass Sie sich auf den positiven Aspekt Ihrer momentanen Lage fokussieren.

Beispiel: „Schon wieder muss ich in der Gruppenarbeit so gut wie alles allein machen und bekomme kaum Unterstützung von den anderen." Diese Annahme könnten Sie folgendermaßen umformulieren: „Ich habe den Löwenanteil bekommen, weil mir meine Teammitglieder vertrauen und sie mich als sehr kompetent einschätzen. Trotzdem sollte ich noch einmal mit ihnen reden und eine gerechtere Aufgabenverteilung vorschlagen."

Wie Sie sehen, wird es Ihnen um einiges leichter fallen, positiver zu denken und eine effiziente Lösung zu finden, wenn Sie sich ausschließlich auf erfreuliche Aspekte der Situation fokussieren.

4. Urteilen Sie nicht schlecht über sich oder andere! Dies ist ebenfalls ein sehr wichtiger Punkt, wenn Sie Ihre Selbstkommunikation positiver im Alltag einsetzen möchten. Solange Sie damit beschäftigt sind, nur das Schlechte in sich und anderen Personen zu sehen, wird es Ihnen um einiges schwerer fallen, Ihre Selbstkommunikation effizienter zu nutzen. Bleiben Sie bei sich und arbeiten Sie an Ihren persönlichen Schwachstellen. Sobald Sie diese identifiziert haben, können Sie sich ein inneres Mindset kreieren, welches Ihnen dabei hilft, sich auf Ihre persönliche Weiterentwicklung zu fokussieren.

5. Seien Sie gnädig mit sich selbst, falls Sie doch wieder in negative Muster zurückfallen sollten. Damit Ihre Selbstgespräche langanhaltend auf Ihre Ziele ausgerichtet sind, sollten Sie für sich ein tägliches Ritual entwickeln und sich bewusst die Zeit dafür nehmen, täglich an einer positiven Selbstkommunikation zu arbeiten. Arbeiten Sie beispielsweise auch an Ihrer Achtsamkeit, damit Sie ein gutes Gespür dafür entwickeln, in welchen Momenten Ihre Gedanken wieder ins Negative abdriften. Sobald Sie diese Auslöser identifiziert haben, denken Sie sich einfach: „Stopp, diesen Gedanken möchte ich nicht!" Sie werden merken, wie Ihr Gedankenkarussell zur Ruhe kommt und Sie dadurch auch wieder einen klareren Kopf bekommen. Eine weitere gute Möglichkeit, um Ihre Selbstgespräche längerfristig in eine positivere Richtung zu lenken, wäre es, wenn Sie Ihre positiven Affirmationen zur Hand nehmen und diese mit Ihrem Handydiktiergerät aufnehmen. Hören Sie sich diese Audiodatei mindestens 21 Tage lang an, um Ihr Mindset komplett umzuprogrammieren. Sie werden sehen, wie sich nach diesem Zeitraum Ihre Selbstgespräche ins Positive entwickelt haben und Sie daher effektiver an Ihren Lebenszielen arbeiten können.

Der Blick in den Spiegel

Wie Sie selbst zu sich sprechen, offenbart sehr viel darüber, was Sie tief in Ihrem Inneren über sich als Person denken. Sprechen Sie eher positiv oder negativ mit sich selbst? Nehmen Sie sich einen Augenblick Zeit und machen Sie einen kleinen Check-up. Zur Orientierung können Sie die folgenden Fragen nutzen, um herauszufinden, wie Sie wirklich zu sich selbst stehen.

Fragen zum persönlichen Check-up:

1. Was denke ich als Erstes, wenn ich in den Spiegel schaue?
2. Bin ich mit mir im Großen und Ganzen zufrieden? Warum?
3. Was könnte ich an mir noch verbessern?
4. Wenn ich einen Tag das Leben mit einer bestimmten Person tauschen könnte, welche wäre das und warum?
5. Wenn ich die Möglichkeit hätte, was wäre das Erste, das ich an meinem Äußeren ändern würde, und warum?

Nachdem Sie die Fragen ehrlich beantwortet haben, was können Sie daraus schließen? Haben Sie eher ein **positives oder negatives Selbstbild**? Wenn Sie sich über diese Fragen Klarheit verschafft haben, können Sie gleich noch einmal in Ihren Spiegel schauen und sich einmal überlegen, ob die folgenden Aussagen eher **falsch oder wahr** sind:

- „Alles, was ich mir vornehme, schaffe ich!"
- „Ich weiß, wo meine Stärken liegen, und setze diese auch zielgerichtet ein."
- „Ich kenne mein übergeordnetes Lebensziel und setze alle meine Ressourcen ein, um dieses auch zu erreichen."
- „Ich weiß ganz genau, wie ich mich in Diskussionen durchsetzen und meinen Standpunkt selbstbewusst vertreten kann."
- „In Teamarbeiten übernehme ich die Führungsrolle, da ich ganz genau weiß, was ich kann und wie man Aufgaben den Stärken entsprechend delegiert."
- „Im Großen und Ganzen bin ich zufrieden mit mir."
- „Ich bin in meinen Gedanken immer im Hier und Jetzt und schweife nicht in die Vergangenheit oder die Zukunft ab."
- „Ich liebe mein Leben und genieße es in vollen Zügen."
- „Ich bin mir meiner eigenen Bedürfnisse bewusst und kann sie offen nach außen kommunizieren."

Wenn Sie die meisten Aussagen als **wahr** einschätzen, dann führen Sie mit sehr hoher Wahrscheinlichkeit sehr positive Selbstgespräche und stehen mit beiden Beinen fest im Leben. Sollte dies allerdings noch nicht der Fall sein und Sie haben die meisten Sätze als falsch eingeschätzt, dann könnte eine Bestandsaufnahme Ihres derzeitigen Alltags und Ihres Selbstbildes von Vorteil sein. Überlegen Sie sich einmal:

- „Welcher Lebensbereich läuft nicht so, wie er sollte?"
- „Welche Schritte könnte ich unternehmen, um diesen Umstand zu verbessern?"
- „Warum denke ich so schlecht über mich?"
- „Welche Personen oder Ereignisse haben dazu beigetragen, dass ich so viele negative Gedanken habe?
- „Wie kann ich diesen Menschen verzeihen, um in meinem Leben wieder voranzukommen?"

Die aktive Auseinandersetzung mit den Schattenseiten Ihres Lebens kann Sie dabei unterstützen, Schritt für Schritt ein neues und positiveres Mindset zu entwickeln. Denn nur wenn Ihre Gedanken frei und lichtvoll sind, wird Ihnen auch ein besseres Selbstgespräch gelingen und Sie werden bemerken, wie schnell sich auch Ihre Lebensqualität verbessert, wenn Sie den Blick in Ihren verschmutzten Spiegel wagen und ihn wieder säubern.

Erfolgreiche Umkehrung

Sobald Sie sich den Ursachen Ihres negativen Gedankenguts bewusst geworden sind, können Sie sich im nächsten Schritt einen Stift sowie ein Blatt Papier zur Hand nehmen und sich alle negativen Glaubenssätze aufschreiben, welche Sie sich über die letzten Jahre über Ihre eigene Person verinnerlicht haben.

Folgende Glaubenssätze können Ihre positive Selbstkommunikation maßgeblich erschweren:

- „Ich erreiche niemals meine Ziele."
- „Warum sollte ich etwas sagen? Mir hört doch sowieso keiner zu."
- „Ich kann das absolut gar nicht."
- „Ich muss immer alles allein machen."
- „Ich bin sehr unattraktiv."
- „Mich mag sowieso keiner."
- „Warum sollte ich mich anstrengen? Es nützt doch nichts."

Wenn Sie Ihre negativen Glaubenssätze identifiziert haben, können Sie nun einen Schritt weitergehen und diese negativen Annahmen ins Positive umkehren.

Bei den obigen Beispielsätzen wäre das wie folgt:

- „Ich erreiche immer meine Ziele, egal, was passiert."
- „Meine Meinung zählt und daher erhebe ich meine Stimme, wenn ich etwas zu sagen habe."
- „Ich weiß ganz genau, was ich gut kann, und ich setze diese Stärken selbstbewusst ein."
- „Ich finde die richtigen Personen, die mir helfen können, und gehe aktiv auf sie zu."
- „Mein Körper ist so, wie er ist, vollkommen in Ordnung."
- „Ich finde die richtigen Leute, die mich wertschätzen und zu denen ich passe."
- „Ich gebe mein Bestes und selbst wenn ich scheitern sollte, dann habe ich zumindest an Erfahrung gewonnen."

Tipp: Am besten erstellen Sie auch zu diesen neuen und positiven Selbstannahmen eine Audiodatei, die Sie sich jeden Abend anhören können.

Sie werden sehen, wie schnell sich die neuen Glaubenssätze in Ihr Unterbewusstsein integriert haben und wie bereit Sie sich fühlen werden. Im nächsten Abschnitt lernen Sie jetzt noch ein Verfahren kennen, das Sie ebenfalls anwenden können, um Ihren Selbstdialog positiver zu gestalten und mehr Kontrolle über Ihre Gedanken zu erlangen. Es handelt sich dabei um das Selbstinstruktionstraining.

Selbstinstruktion

Diese Methode wurde von Meichenbaum und Goodman entwickelt und wird heutzutage gerne bei der kognitiven Verhaltenstherapie angewendet. Durch diese Methode soll das innere Sprechen eingeübt sowie nachhaltig trainiert werden. Im Praxisalltag wird es vor allem genutzt, um Personen mit z. B. ADHS therapeutisch zu unterstützen oder Stress systematisch zu reduzieren. Im Bereich der klinischen Psychologie wird es ebenfalls angewendet, um Lernstörungen, Depressionen oder Angststörungen zu behandeln.

Doch wie können Sie das Selbstinstruktionstraining für Ihren Alltag nutzen?

Im Allgemeinen ist die Selbstinstruktion darauf ausgerichtet, das innere Selbstgespräch durch eigene Anweisungen zu kontrollieren. Vor allem besonders stressige Herausforderungen lassen sich durch dieses Vorgehen besser handhaben.

Stellen wir uns einmal vor, Sie wollen Ihre Prüfungsangst unter Kontrolle bekommen.

Gehen Sie für dieses Vorhaben wie folgt vor:

1. Definieren Sie klar Ihr Ziel:
Ich werde keine Prüfungsangst mehr haben!

2. Wiederholen Sie dieses Ziel mit eigenen Worten:
In der nächsten Prüfung bin ich komplett angstfrei!

3. Machen Sie sich nun einen Plan, wie Sie dieses Ziel erreichen wollen!
→ Beispiel:

a. Ich visualisiere mir in meinem Geist, wie ich die Prüfung sicher bestehe!

b. Ich schreibe mir positive Affirmationen auf, die mir Mut machen und die ich mir vor der Prüfung immer wieder sage.

c. Ich lerne ein Entspannungsverfahren, um meine Nerven zu beruhigen.

d. Während des Lernens und in der Prüfung bleibe ich fokussiert und bewältige so die Aufgabe.

e. Sobald ich einen negativen Gedanken habe, schiebe ich ihn sofort beiseite und konzentriere mich auf das Positive! Sie wiederholen ausschließlich stärkende Gedanken!

4. Setzen Sie das geplante Vorhaben in die Tat um:
Arbeiten Sie Ihren Plan ab und gehen Sie zu Ihrer nächsten Prüfung.

5. Reflektieren Sie danach, wie Sie sich fühlen:
- Hat der Ablauf Ihnen etwas gebracht?
- Woran können Sie noch arbeiten?
- Was hat Ihnen besonders geholfen?

Das zentrale Ziel der Selbstinstruktion ist also, sich selbst zu positiverem und fokussiertem Arbeiten zu bringen sowie ganz genau zu definieren, welche Gedanken Sie zulassen möchten und welche nicht.

In diesem Kapitel haben Sie nun sehr viel über die Selbstkommunikation gelesen und hoffentlich viele neue Erkenntnisse dazugewonnen. Im nächsten Abschnitt werden Sie nun viele neue Impulse erhalten, um Ihren **Wortschatz** effizient zu erweitern, damit Sie in Diskussionen noch wortgewandter auftreten können und selbstbewusst über die verschiedensten Themen debattieren können.

Wortschatz erweitern

Eines ist sicher: Wer sich gewählt ausdrücken kann und über ein breitgefächertes Vokabular verfügt, der kommt einfach besser bei seinen Mitmenschen an und kann auch im beruflichen Kontext viel mehr Erfolge verzeichnen. Mit ein bisschen Übung und viel Durchhaltevermögen können auch Sie konsequent Ihren persönlichen Wortschatz ausbauen, wenn Sie den nötigen Willen dazu mitbringen. Im Allgemeinen verwendet ein Erwachsener im Durchschnitt bis zu **16.000 Wörter,** um sich mit seinem sozialen Umfeld auszutauschen. Das wird auch als aktiver Wortschatz bezeichnet. Dieser umfasst alle Wörter, die Sie sehr häufig im Alltag zum Sprechen und Schreiben verwenden. Im Gegensatz dazu verfügt jeder Mensch aber auch über einen passiven Wortschatz, der im Durchschnitt sogar bis zu 50.000 Wörter beträgt. Er beinhaltet alle Begriffe, die Sie vom Sinn her zwar verstehen, aber nicht aktiv im Kommunikationsgeschehen benutzen.

Wussten Sie, dass die deutsche Sprache in etwa 300.000 Wörter umfasst? Ganz schön viel, nicht wahr?

Fakt ist jedenfalls: Wer genau weiß, wie er sich ausdrücken muss, um andere von sich zu überzeugen, gewinnt an Einfluss und wird seinem Gesprächspartner wohl eher im Gedächtnis bleiben. Ein großes Vokabular sorgt dafür, dass Sie sich überzeugender und präziser ausdrücken können, wodurch Ihr soziales Umfeld Ihre Absichten und Ziele genau einschätzen kann.

Doch wie genau können Sie denn jetzt aktiv Ihren Wortschatz erweitern?
Dieses Vorhaben ist definitiv ein Langzeitprojekt und erfordert viel Eigenorganisation und Durchhaltevermögen. Vergleichen Sie es mit einem Muskelkrafttraining: Bevor sich die Muskeln effizient aufbauen, dauert es meist bis zu vier Wochen. Und so können Sie sich auch Ihren **„Sprachmuskel"** vorstellen. Er benötigt ebenfalls viel **Training,** um später effektiv genutzt werden zu können. Stellen Sie sich bei diesem Projekt auf jeden Fall darauf ein, dass Sie viel Zeit investieren werden und einen konkreten Lernplan benötigen, damit die neuen Wörter den richtigen Weg ins Langzeitgedächtnis finden. Dieses Buch bietet Ihnen bereits erste Impulse dafür, Ihren Wortschatz effektiv zu erweitern und sich somit gewählter auszudrücken. Lassen Sie sich also auf den nächsten Seiten inspirieren.

AUF DEN KONTEXT KOMMT ES AN! VON DER ALLTAGSSPRACHE ZUR PROFESSIONELLEN SPRACHE

Die Alltagssprache ist das, was jeder von uns alltäglich benutzt und in der Kommunikation mit Freunden und Familie anwendet. Sie wird uns bereits ab dem Kleinkindalter von unserem sozialen Umfeld beigebracht. Sie stellt die Basis für die Interaktion mit anderen dar. Zu der Alltagssprache gehört auch die sogenannte Slang-Sprache, die vor allem von Jugendlichen gerne verwendet wird.

Klassische Ausdrücke von Jugendlichen sind:

- „Ich habe keinen Bock!"
- „Alles fit bei dir?"
- „Du bist voll nervig!"
- „Bleib mal locker!"
- „Komm mal klar!"

Diese Sätze hört man sehr oft und sehr gerne von Jugendlichen und mitunter auch von Erwachsenen. Sie **lockern** beispielsweise die gegenseitige Kommunikation etwas auf, in freundschaftlichen Situationen können Sie durchaus angewendet werden. Doch wie unterscheidet sich Slang-Deutsch noch einmal von ganz normaler Alltagssprache?

Alltagssprache wird von jedem Muttersprachler verwendet und verstanden. Sie verbindet Menschen miteinander und sorgt somit für neue Begegnungen und einen soliden Austausch untereinander. Sie gehört zum **informellen Sprachstil**, da Sie damit keine offiziellen Briefe schreiben, sondern sie im alltäglichen Sprachgebrauch anwenden. In Deutschland wird vordergründig Hochdeutsch gesprochen, jedoch gibt es in vielen Bundesländern unterschiedliche Dialekte, die der deutschen Sprache damit ein gewisses Maß an Vielfalt ermöglicht. Haben Sie schon einmal jemanden aus Sachsen oder Bayern reden gehört? Manchmal sind die Unterschiede in der Aussprache so immens groß, dass man sich selbst als Muttersprachler ein bisschen anstrengen muss, um im Gespräch wirklich alles verstehen zu können. Die Alltagssprache hat festgelegte **grammatikalische Regeln**, die von allen Muttersprachlern intuitiv richtig angewendet werden. Außerdem gibt es noch ein paar bestimmte Details, welche die Alltagssprache von der Bildungssprache unterscheidet. Mögliche Punkte wären:

1. Es werden viele Füllwörter verwendet. Das kennen Sie bestimmt auch! Wenn Sie nicht wissen, was Sie sagen sollen, verwenden Sie wahrscheinlich auch oft Wörter oder eher Laute wie „äh“, „tja“, „ja und“ oder „nö“. Diese Wörter nutzen Sie wahrscheinlich öfter, wenn Sie eine kleine Denkpause benötigen oder gerade nicht wissen, was Sie sagen sollen. Fakt ist jedenfalls, dass die Verwendung dieser Wörter Ihnen Zeit verschafft, um die richtigen Ausdrücke zu finden.

2. Auch Muttersprachlern passieren grammatikalische Fehler! Entweder werden manche Wörter erst gar nicht richtig ausgesprochen oder es wird der falsche Fall benutzt. So sagt man umgangssprachlich meistens nicht, „Ich bin wegen *des* Autos in die Werkstatt gefahren!“, sondern: „Ich bin wegen *dem* Auto in die Werkstatt gefahren!“ Prinzipiell wird der Genitiv in der Umgangssprache sehr vernachlässigend behandelt und fälschlicherweise durch den Dativ oder Akkusativ ersetzt.

3. Wörter werden öfter wiederholt! Das passiert während des alltäglichen Sprechens sehr häufig. Das kennen Sie sicherlich auch! Sie haben wahrscheinlich auch bestimmte „Wohlfühlwörter“, die Sie einfach gerne immer wieder wiederholen. Auch Sätze werden häufig wiederholt, um dem Gesagten noch einmal etwas Nachdruck zu verleihen.

4. Ein sehr kurzer Satzbau: Im alltäglichen Sprachgebrauch werden die Sätze meist nur sehr kurz gehalten und es wird sich auf das Wesentliche beschränkt.

Es gibt noch unzählige weitere Beispiele für den alltäglichen Gebrauch, aber diese sind definitiv die geläufigsten.

Klar abzugrenzen von der Alltagssprache ist die **Bildungssprache.** Dabei wird die Bildungssprache, wie der Name bereits vermuten lässt, vorrangig in Einrichtungen genutzt, in denen **gelernt** sowie **gelehrt** wird. Das können Schulen sein, aber auch in den Nachrichten oder der Tageszeitung wird **Bildungssprache** verwendet. Vordergründig wird sie, anders als die Alltagssprache, vor allem für **schriftliche Ausarbeitungen** genutzt. Das bedeutet, dass verschiedene Textsorten wie die Erörterung oder der Artikel meist eindeutig der Bildungssprache zuzuordnen sind. In Ausnahmefällen wird die Bildungssprache auch im **mündlichen Sprachgebrauch** genutzt. Das ist beispielsweise bei der Tagesschau oder Fachvorträgen der Fall. Dabei wird Bildungssprache hauptsächlich nur geschrieben und ist durch ganze Sätze geprägt. Es wird ein sehr differenzierter Wortschatz genutzt und außerdem wird auf die korrekte Verwendung der Wortendungen geachtet. Wer Probleme dabei hat, die Bildungssprache zu lernen, wird große Schwierigkeiten dabei haben, in der

Bildungslandschaft zu bestehen. Von daher ist gerade eine Frühförderung bei Kindern so wichtig, um mögliche Stolpersteine auf dem Weg zu einer soliden Schulbildung zu ebnen, damit ihnen alle Wege offenstehen.

Auch wäre die **Fachsprache** noch zu erwähnen. Sie wird zumeist von allen Menschen gesprochen und korrekt angewendet, die aus einer **ähnlichen Berufsgruppe** stammen. So sprechen z. B. Ärzte und Krankenpfleger eine ganz andere Fachsprache als Manager in der freien Wirtschaft. Das liegt daran, dass im Gesundheitswesen ein ganz anderes Fachvokabular verlangt wird, um im stressigen Berufsalltag bestehen zu können.

In diesem Abschnitt haben Sie nun die Unterschiede zwischen der Alltagssprache, der Bildungssprache sowie der Fachsprache kennen gelernt. Im nächsten Abschnitt wird es nun etwas entspannter zugehen, denn dort wartet ein Fremdwort-Quiz auf Sie. Mit diesem können Sie auf eine unterhaltsame Art und Weise herausfinden, ob Sie bereits fit im Erkennen von Wörtern sind, die sich aus anderen Sprachen ableiten lassen. Falls Sie einige Bedeutungen nicht direkt zuordnen können, ist dies auch nicht tragisch. Sehen Sie das Quiz als eine Möglichkeit zur effektiven Wortschatzerweiterung an!

Das Fremdwort-Quiz

Fremdwörter kommen zwar auch aus der Muttersprache, sie werden aber so selten genutzt, dass es manchmal wirklich schwierig sein kann, die wahre Bedeutung des Wortes sofort zu verstehen.

Ein Beispiel: „Deine Ausdrucksweise ist so subtil und pragmatisch, dass ich glatt befürchte, mich nicht so eloquent äußern zu können."

Na, was denken Sie, was bedeutet dieser Satz?

Hier folgt die Übersetzung: „Deine Ausdrucksweise ist so präzise und sachlich, dass ich glatt befürchte, mich nicht so sprachgewandt äußern zu können." Na, hätten Sie es gewusst?

Im Folgenden können Sie Ihre Kenntnisse noch weiter überprüfen. Viel Spaß dabei!

1. Was bedeutet „Status quo"?

a. Prestige
b. Luxus
c. derzeitiger Zustand

2. Was heißt „adäquat"?

a. angemessen
b. gleich
c. richtig

3. Was sagt man noch zu „postfaktisch"?

a. zurücksenden
b. faktenbasierend
c. unsachlich

4. Was bedeutet „dekadent"?

a. verschwenderisch
b. gleichwertig
c. zeitgemäß

5. Was heißt „dito"?

a. Hallo
b. Ebenfalls
c. Alles klar?

6. Was bedeutet „verifizieren"?

a. angleichen
b. die Wahrheit prüfen
c. bestätigen

7. Was sagt man noch zu „rudimentär“?
a. unverschämt
b. herablassend
c. unzureichend

8. Was bedeutet „obsolet“?
a. veraltet
b. voreilig
c. hartnäckig

9. Was heißt „ambivalent“?
a. doppeldeutig
b. gleich
c. verschieden

10. Wie sagt man noch zu „redundant“?
a. mehrfach vorhanden
b. unhöflich
c. redegewandt

Anbei finden Sie die Lösungen:

1. c	4. a	7. c	10. a
2. a	5. b	8. a	
3. c	6. b	9. a	

Na, wie viele Fragen haben Sie richtig beantwortet? Manchmal kann es hilfreich sein, sich auch mit Fremdwörtern auseinanderzusetzen. Sie lernen unter Umständen nicht nur etwas Neues dazu, sondern können gleichzeitig Ihren Wortschatz effizient erweitern.

Nicht nur ein umfassender Wortschatz ist wichtig, damit Sie sich in sozialen Situationen angemessen ausdrücken können. Auch die richtige **Ausdrucksweise** ist entscheidend dafür, dass Sie kompetent und selbstsicher auftreten können. Daher erhalten Sie im Folgenden gute Anregungen, um Ihre Ausdrucksweise zu verfeinern, damit Ihnen nie wieder die richtigen Worte fehlen.

Ausdrucksweise steigern

Der durchschnittliche Satz im Deutschen besteht aus Subjekt, Prädikat und Objekt.

Beispiel: Lenny (SUBJEKT) geht (PRÄDIKAT) nach Hause (OBJEKT).

Dabei gibt es noch so viel mehr, was man erzählen könnte. So könnte man diesen Satz noch ausbauen, indem man Folgendes hinzufügt:

- Warum geht Lenny nach Hause?
- Wann geht Lenny nach Hause?
- Wo war Lenny vorher?
- Wie geht Lenny nach Hause?
- Mit wem geht Lenny nach Hause?

Würde man alle Fragen berücksichtigen, dann würde daraus Folgendes entstehen:
Lenny geht nach Hause, weil es schon spät abends ist und er mit seinem besten Freund alles Wichtige besprochen hat, deswegen schnappt sich Lenny sein Fahrrad und sein Kumpel begleitet ihn.

Dies ist zugegebenermaßen ein sehr langer Satz, den man im Alltag wahrscheinlich so nicht gebrauchen würde. Dennoch tendieren viele Menschen dazu, nur kurz und knapp zu antworten, wodurch keine wirkliche Gesprächsbasis entstehen kann. Sollten Sie auch dazu tendieren, sich in alltäglichen Gesprächen nur auf das Wesentliche zu beschränken, dann probieren Sie es beim nächsten Mal doch einfach mal aus, zumindest noch zwei weitere W-Fragen mit Ihrem Satz zu beantworten. Wenn Sie beispielsweise jemand fragt, *„Was machen Sie dieses Wochenende?"*, dann antworten Sie nicht nur mit, *„Ich bin zu Hause"*, sondern gehen Sie ruhig detaillierter auf diese Frage ein, indem Sie sagen: *„Ich bin zu Hause, weil ich in meinem Garten viel zu tun habe, unter anderem möchte ich neue Erdbeerpflanzen einpflanzen, aber mein Mann hilft mir dabei, weshalb wir wahrscheinlich schnell fertig sein werden."*

Wie Sie sehen, bietet dieser Satz viel **mehr Anhaltspunkte** für eine effektive Kommunikation, wodurch der **Gesprächsfluss** besser am Laufen gehalten werden kann.

Im nächsten Schritt können Sie sich darum kümmern, Ihre Ausdrucksweise noch mehr zu **präzisieren**. Im Folgenden finden Sie ein paar Anregungen dazu, wie Ihnen das am besten gelingt:

1. **Synonyme, Synonyme, Synonyme:** Finden Sie zu den gebräuchlichsten Wörtern ein paar Synonyme und schreiben Sie sich diese in ein extra Vokabelheft. Beginnen Sie am besten jetzt gleich und finden Sie zu folgenden Verben so viele Synonyme, wie Ihnen in die Finger gelangen. Sie können auch das Internet zu Hilfe nehmen.

a. laufen
b. reden
c. schreiben
d. hören
e. machen

2. **Erstellen Sie Ihr eigenes Wortschatz-Dokument!** In dieses schreiben Sie dann alle neuen Fachbegriffe, Metaphern, Zitate oder besonders aussagekräftige Wörter, die Ihnen im Alltag sofort ins Auge stechen.

3. **Beschäftigen Sie sich mit Fremdwörtern im Deutschen!** Lesen Sie beispielsweise Studien zu Themen, die Sie interessieren, achten Sie ganz besonders auf die Fachsprache bzw. die Fremdwörter, die gerne öfter verwendet werden, und machen Sie sich eine Liste. Welche Themen interessieren Sie ganz besonders? Das Thema Gesundheit, die Entwicklung von Kindern und Jugendlichen oder die Entstehung der verschiedenen Sprachen? Es gibt bestimmt viele wissenschaftliche Arbeiten und Artikel zu diesen Themen, also wird es Ihnen bestimmt sehr leichtfallen, zu diesen Themen passende Beiträge zu finden.

4. **Achten Sie auf die Grammatik!** Haben Sie sich einmal intensiv mit den Regeln und Vorschriften Ihrer Muttersprache beschäftigt oder sprechen Sie einfach so drauflos? Erinnern Sie sich noch an Ihren letzten Fremdsprachenunterricht? Da mussten Sie sich auch stundenlang mit den besonderen grammatikalischen Regeln auseinandersetzen. Also warum beschäftigen Sie sich nicht einfach mal wieder mit den grammatikalischen Gepflogenheiten Ihrer eigenen Muttersprache und machen noch einmal einen kleinen Crashkurs? Wer die Grammatikregeln sicher beherrscht und sich zumindest mit den Grundlagen auseinandersetzt, der bekommt ein besseres Gefühl für die eigene Sprache und kann sich längerfristig besser ausdrücken.

5. **Vermeiden Sie klassische Füllwörter!** Achten Sie mal darauf, welche Füllwörter Sie benutzen, wenn Sie in einem Gespräch mal nicht weiterwissen. Werden Sie sich darüber bewusst und halten Sie bei Ihrem nächsten Gespräch mal ganz bewusst inne. Sobald Sie bemerken, dass Sie ein Füllwort benutzen möchten, stoppen Sie lieber an der Stelle und atmen tief ein und wieder aus. Somit haben Sie eine kurze Zeitspanne, in der Sie sich ganz genau

überlegen können, was Sie sagen wollen. Auch der Einsatz offener Fragen kann dabei helfen, nicht nur längere Gesprächspausen zu vermeiden, sondern sie können Sie auch von der Verwendung von Füllwörtern abhalten.

6. Wörter High Five! Wenn Sie an einem Tag auf mindestens fünf Wörter stoßen, die Sie noch nie zuvor gehört haben, sollten Sie sich diese stets notieren. Egal, ob im Radio, Fernsehen oder Internet. Schreiben Sie sich diese Wörter in Ihr Vokabelheft. Vielleicht können Sie sie später selbst nutzen. Das gilt auch für jene, die vielleicht abstrakt wirken oder nur selten Gebrauch in der Alltagssprache finden.

7. Alltägliche Sätze umformulieren! Gibt es bestimmte Sätze, die Sie immer wieder auf die gleiche Art und Weise benutzen? Geben Sie doch frischen Wind in Ihren Wortschatz, indem Sie altbekannte Aussagen einfach mal umformulieren. Wenn Sie Ihre Liebsten zum Beispiel immer nur fragen, „Wie war dein Tag?", dann sagen Sie morgen doch einfach mal: „Möchtest du mir erzählen, was du heute Schönes erlebt hast?" Sie werden merken, dass Ihr Gesprächspartner viel offener mit Ihnen kommunizieren wird.

Nun haben Sie einige Ansätze erhalten, um effektiv an Ihrem Wortschatz arbeiten zu können. Halten Sie sich vor Augen, dass die richtige Ausdrucksweise nicht nur ein Zeichen von Stärke ist, sondern auch Ihre persönlichen Kompetenzen offenbart. Somit erhalten Sie den nötigen Einfluss und Respekt, den Sie benötigen, um Ihr soziales Netzwerk effektiv aufzubauen. Ein größerer Wortschatz gibt Ihnen außerdem die Möglichkeit, auf eine Vielzahl von Wörtern zurückzugreifen, die Sie nutzen können, um andere Menschen zu inspirieren und sie in Krisensituationen aufzubauen. Das sorgt für eine solide Vertrauensbasis und bietet die Möglichkeit, sich über die unterschiedlichsten Themen auszutauschen und über unterschiedliche Standpunkte zu diskutieren, was obendrein noch Ihren Horizont erweitert.

NEUE BEGRIFFE UND PHRASEN

„Das ist ja cringe!" oder „Du wirkst schon wieder komplett lost." Diese Sätze haben Sie bestimmt schon öfter gehört, vor allem, wenn Sie auf der Straße mit Jugendlichen zusammentreffen oder in einem Jugendclub arbeiten. Teens lieben es einfach, neue Wortschöpfungen zu kreieren, und kommen dabei auf immer kreativere Ideen. Der **Einfluss der englischen Sprache** ist dabei kaum zu überhören und gehört fast schon zum guten Ton. Das oberste Ziel der Jugendlichen dabei ist, sich klar von der Erwachsenenwelt abzugrenzen und einen Raum zu schaffen, um über persönliche Probleme diskutieren zu können. Dafür entwickeln sie ihr eigenes Vokabular, wobei ihrer Kreativität keine Grenzen gesetzt sind. Jedes Jahr fallen ihnen neue Begriffe ein, die man dann in den sozialen Medien lesen oder auf offener Straße immer wieder hören kann.

Das Phänomen der „Jugendsprache" ist schon seit vielen Jahren bekannt und in vielen Generationen zu beobachten. Bereits im 16. Jahrhundert entwickelten junge Studenten ihre eigene „Burschensprache", um sich von den Vorschriften der älteren Generation klar zu distanzieren und politisch gesehen „Klartext" sprechen zu können. Durch ihre eigenen Phrasen und Wörter erhalten junge Menschen eine eigene Stimme und können ihre Meinung besser nach außen verteidigen, ohne dafür sofort verurteilt zu werden. Da vor allem ältere Generationen nicht sofort wissen, was gemeint ist, haben Jugendliche vor allem bei Diskussionen oder kleineren Debatten immer wieder einen klaren Vorteil und können sich somit gekonnt durchsetzen. Dadurch haben sie außerdem das Gefühl, auf Augenhöhe kommunizieren zu können, weil ihre eigene Kreativität manchmal einfach die Lebenserfahrung der Älteren schlägt. Wie sieht es eigentlich mit Ihnen aus? Könnten Sie sich während einer Diskussion mit Jugendlichen durchsetzen oder hätten Sie eher viele Fragezeichen im Kopf, wenn Ihnen auf einmal Wörter wie „Slay", „bodenlos" oder „Sus" um die Ohren fliegen? Finden Sie es mit diesem kleinen Jugendslang-Test doch ganz einfach heraus. Beantworten Sie dafür einfach die folgenden Fragen.

1. Was bedeutet das Wort „slay"?

a. abgefahren
b. verrückt
c. wenn eine andere Person sehr selbstbewusst ist

2. Was meint man mit dem Begriff „bodenlos"?

a. schlecht
b. schockierend
c. unglaublich

3. Was bedeutet „sus“?
a. süß
b. suspekt
c. niedlich

4. Was ist ein „Bro“?
a. der Onkel
b. der Opa
c. der Kumpel

5. Was bedeutet „cringe“?
a. modern
b. peinlich
c. witzig

Na, haben Sie alles gewusst oder mussten Sie doch öfter nachdenken? Im Folgenden finden Sie nun die richtigen Antworten zu den oben aufgeführten Fragen.

Auflösung:

1. c	2. a	3. b	4. c	5. b

Wie hoch ist Ihre Punktzahl? Konnten Sie alle Begriffe richtig deuten oder brauchen Sie noch etwas Übung, um die Jugendlichen besser zu verstehen? Das Gute an der Jugendsprache ist, dass sie sich stetig weiterentwickelt. Selbst wenn Sie bei diesem Mini-Quiz nicht so gut abgeschnitten haben, können Sie sich sicher sein, dass es im nächsten Jahr wieder neue Begriffe geben wird, welche die jüngere Generation in ihrer täglichen Kommunikation gebrauchen wird.

Wussten Sie eigentlich, dass ein neu erschaffenes Wort in der Fachsprache als **„Neologismus“** bezeichnet wird? Neologismen entstehen öfter in bestimmten sozialen Gruppen, wie beispielsweise bei Jugendlichen, in Familien oder bei Personen, die der gleichen Berufsgruppe angehören. Sie erleichtern die Kommunikation untereinander ungemein und sorgen für ein Gemeinschaftsgefühl. Sie können manchmal sogar als eine Art Geheimsprache genutzt werden, da die Wortneuschaffungen nur von ganz bestimmten Menschen verstanden werden können. Probieren Sie es doch mal selbst aus. Die folgende Übung soll Ihnen dabei eine kleine Unterstützung für Ihr neu erschaffenes Wort bieten.

Übung:
Überlegen Sie sich kurz, welche Länder Sie letztes Jahr mit Ihrer Familie besichtigt haben. Schreiben Sie sich eine Liste. Nachdem sie fertig ist, schauen Sie sich die Übersicht einmal genauer an. Spielen Sie ein bisschen mit den Ländernamen und kreieren Sie ein völlig neues Wort. Waren Sie beispielsweise in Spanien, Großbritannien und Griechenland, können Sie diese drei Vorgaben zu einem ganz neuen Begriff zusammensetzen, wie beispielsweise:

„Sproßbritannienland"

Es klingt sehr witzig. Außerdem können Sie dies mit sämtlichen Begriffen probieren, die Ihnen einfallen. Die Familie, welche in einem Jahr diese drei Länder besucht hat, könnte jetzt immer wieder sagen: „Könnt ihr euch noch an das Jahr erinnern, wo wir in Sproßbritannienland waren? Das war eine ganz tolle Urlaubszeit!" In diesem Fall wüssten nur die Familienmitglieder, welche mit auf diesen Reisen waren, welche Länder gemeint sind, und somit könnten sie gemeinsam in der Vergangenheit schwelgen.

Der Sinn von Wortneuschöpfungen ist also nicht nur die **Förderung der Kreativität,** sondern sie sind auch dafür gut, um ein **Gemeinschaftsgefühl** innerhalb der Gruppe zu schaffen und an gemeinsame Erinnerungen anzuknüpfen. Sie sind außerdem hilfreich, um selbst einen besseren Zugang zur eigenen Sprache zu bekommen und durch einen sehr spielerischen Charakter ein besseres Gefühl für die Entstehung der eigenen Sprache zu entwickeln.

Um mit der eigenen Sprache noch weiter zu experimentieren, den Wortschatz effizient zu erweitern und immer wieder neue Sätze zu kreieren, kann es auch hilfreich sein, sich mit Wörtern auseinanderzusetzen, die eine ähnliche Bedeutung haben. Diese **synonymen Wörter** werden zu einem „Wortfeld" zusammengeschlossen. Was es noch alles Wissenswertes über dieses Thema gibt, finden Sie im nächsten Kapitel kurz und prägnant zusammengefasst.

Wortfelder

Wortfelder sind verschiedene Begriffe,
die aber alle die gleiche Bedeutung haben.

Lesen Sie sich einmal den folgenden Satz genauer durch:
*„Maria ist ganz **aufgeregt** und **redet** mit ihrer **besten Freundin** über die geplante **Reise** nach Portugal."*

Nun überlegen Sie sich einmal, welche Wörter man noch für die markierten Begriffe einsetzen kann. Ein Beispiel für einen neuen Satz wäre:
*„Maria ist ganz **gespannt** und spricht mit ihrer **engsten Kumpeline** über den geplanten **Trip** nach Portugal."*

Wie Sie sehen, drücken beide Sätze **sinngemäß dasselbe** aus, obwohl verschiedene Wörter benutzt worden sind. Genau dieses Phänomen wird mit den Wortfeldern beschrieben. Zu so einem Feld gehören also alle Begriffe, die dasselbe meinen, aber eine andere Schreibweise aufweisen. Synonyme werden gerne verwendet, um vor allem schriftlichen Texten eine gewisse Abwechslung zu verleihen und den Lesefluss zu erleichtern. Texte, in denen viele Synonyme zu finden sind, sorgen bei dem Leser nicht nur für eine Wortschatzerweiterung, sondern regen außerdem noch die Fantasie an. Vor allem Krimi-Romane sind so unfassbar spannend, weil der Autor durch z. B. die Verwendung verschiedener Synonyme genau weiß, wie er eine Szene so lebendig wie möglich beschreiben kann, damit der Leser das Gefühl bekommt, direkt in das Geschehen integriert zu sein. Testen Sie es doch mal selbst.
Lesen Sie sich den folgenden Text einmal aufmerksam durch:
Der Inspektor Smith sucht überall nach Hinweisen, um den Mord an der jungen Frau aufzuklären. Er sucht im Theater, er sucht im Kino und er sucht im Park nach Hinweisen, um den Mord aufzuklären.

Irgendwie kommt bei diesem Text kein richtiger Lesefluss zustande, außerdem wirkt er langweilig und fade. Doch wie könnte man den Textabschnitt durch die Verwendung von Synonymen nun doch noch verbessern?

Eine mögliche Lösung wäre die folgende:
Der Inspektor Smith schaut überall nach Hinweisen, um den Mord an der jungen Frau aufzuklären. Er durchsucht das Theater, schaut auch im Kino und durchstreift gar den anliegenden Park, um Anhaltspunkte zu finden, die helfen könnten, die Tat aufzudecken.

Wie Sie sehen, wirkt der kurze Textabschnitt durch die Synonyme nun viel spannender und man kann sich die beschriebene Szene **leichter vor dem inneren Auge vorstellen.** Diese Erkenntnis können Sie nutzen, um Ihre eigenen Texte zu verbessern. Dies gelingt Ihnen am besten, wenn Sie sich einmal die Zeit nehmen und selbst eine Liste erstellen, in der Sie die gebräuchlichsten Wörter niederschreiben. Im nächsten Schritt schreiben Sie gleich die passenden Synonyme dazu.

Schnappen Sie sich einmal einen Zettel und einen Stift und finden Sie die bedeutungsähnlichen Wörter zu den folgenden Ausdrücken:

1. sagen
2. laufen
3. spielen
4. reisen
5. lernen

Finden Sie zu jedem Wort **mindestens fünf Synonyme** und schreiben Sie sie auf. Nutzen Sie das Internet zur Unterstützung für Ihre Recherche. Sie können diese Liste **beliebig erweitern** und natürlich noch durch andere Begriffe ergänzen. Bekommen Sie nun die Aufgabe, einen Text zu schreiben, können Sie sofort auf diesen Spickzettel zurückgreifen und somit Ihren Texten das gewisse Etwas verleihen oder in Ihrem nächsten Gespräch durch eine präzisere Wortwahl glänzen, da Sie verschiedene Sachverhalte nun viel einprägsamer beschreiben können.

In diesem Kapitel haben Sie nun sehr viel darüber gelernt, wie Sie Ihren Wortschatz durch die unterschiedlichsten Methoden effizient erweitern können. Sie wissen nun, was die Alltagssprache von der Bildungssprache unterscheidet, wie Sie Ihre Ausdrucksfähigkeit verbessern können, wie neue Begriffe entstehen und wofür Synonyme verwendet werden.

Im nächsten Abschnitt werden Sie nun das Wichtigste zum Thema **Small Talk** erfahren, damit Sie bei Ihrer nächsten Konversation durch die richtige Wortwahl und Ihre positive Ausstrahlung glänzen können. Sie werden hilfreiche Tipps erhalten, damit Sie wirklich mit jeder Person kinderleicht ins Gespräch kommen können. Erfahren Sie außerdem alles Wissenswerte rund um die dazugehörigen Sachverhalte, effiziente Gesprächsführung und sympathisches Auftreten, um für den nächsten Small Talk richtig gewappnet zu sein.

Small Talk: Mit jedem sprechen können

Stellen Sie sich einmal die folgende Situation vor: Seit Jahren wollen Sie unbedingt mit dieser einen Person ins Gespräch kommen, da Sie sie außerordentlich interessant finden. Allerdings erhielten Sie bisher nie die Möglichkeit, mit diesem Menschen zu sprechen. Nun befinden Sie sich auf einer Party und lassen den Blick ganz entspannt durch den Raum schweifen. Gedankenverloren schauen Sie sich um und auf einmal sehen Sie genau diese Person am anderen Ende des Raumes. Sie halten kurzen Blickkontakt und lächeln sich an. Ihr Gegenüber hat dies als Einladung empfunden und kommt nun zu Ihnen herüber. Zuerst sind Sie völlig irritiert und wissen nicht so recht, wie Sie reagieren sollen. Die andere Person bleibt direkt vor Ihnen stehen und begrüßt Sie freundlich. Sie erwidern die Kontaktaufnahme, wissen aber im nächsten Schritt nicht so richtig, was Sie sagen können. Um Zeit zu gewinnen, fragen Sie einfach mit einem charmanten Lächeln auf den Lippen: „Wie geht es Ihnen?" Nun geraten Sie aber ins Stocken und wissen nicht, was Sie noch fragen könnten. Also fangen Sie leicht an, zu stottern, und werden ein bisschen rot im Gesicht. Eine peinliche Stille entsteht und Sie wünschen sich, dass diese Situation ganz schnell vorbeigeht.

Kennen Sie solche Momente? Um so eine unangenehme Lage zu vermeiden und in solchen sozialen Situationen nicht in Panik zu geraten, lohnt es sich, wenn Sie Ihre Kommunikationsfähigkeiten verbessern, damit Sie zu einem **Small-Talk-Profi** werden können. Mit den Tipps aus diesem Buch gehören peinliche Gesprächssituationen und unangenehme Stille von nun an der Vergangenheit an. Als Erstes erfahren Sie nun etwas über die ungeschriebenen Gesetze des Small Talks, damit Sie sich dank dieses Wissens bei Ihrer nächsten Konversation um einiges sicherer fühlen können.

Ungeschriebene Gesetze beim Small Talk

Um Ihnen die Angst vor Ihrer nächsten Small-Talk-Situation zu nehmen, erhalten Sie nun die allgemein geltenden Spielregeln, durch die eine gute und kurze Konversation entstehen kann. Wenn Sie diese Basics einmal verinnerlicht haben, werden Sie merken, wie leicht Ihnen die Kontaktaufnahme mit neuen Personen gelingt und wie schnell Sie in jeder Gesprächssituation ein gutes Konversationsthema finden werden, das Sie und Ihre Gesprächspartner auch wirklich interessiert. Immerhin ist die Kunst des guten Networkings mittlerweile elementar wichtig, um sich in dieser schnell wachsenden Kommunikationsgesellschaft schnell zu etablieren und vor allem bei Business-Angelegenheiten und im privaten Umfeld einen guten Eindruck zu hinterlassen. Befolgen Sie einfach die folgenden Schritte, damit Sie bei Ihrer nächsten Small-Talk-Situation selbstsicherer auftreten und somit Ihr soziales Netzwerk und Ihre Kommunikationsfähigkeiten stetig erweitern können.

Die goldenen Regeln des Small Talks:

1. Ein guter Ice-Breaker zum Gesprächsstart! Fällt Ihnen an Ihrem Gegenüber irgendeine Gemeinsamkeit auf? Dann nehmen Sie auf diese Bezug und betonen Sie sie besonders, um das Gespräch sympathisch zu beginnen und am Laufen zu halten. Trägt Ihr gegenüber beispielsweise eine Krawatte von Ihrem Lieblingssportverein, dann fragen Sie ihn doch, ob er das letzte Spiel verfolgt hat und wie zufrieden er mit der Spielleistung des Teams ist. Das schafft sofort eine gemeinsame Basis und ein gelungenes Gespräch ist fast schon vorprogrammiert. Gibt es vielleicht auch noch irgendetwas, das Ihnen positiv an Ihrem Gesprächspartner auffällt? Dann sagen Sie es ihm! Ein ernst gemeintes Kompliment ist Gold wert, um das Eis zu brechen und mit Ihrem Gegenüber ein freundliches Gespräch zu führen. Gefällt Ihnen der Schmuck, den die andere Person trägt? Dann sagen Sie es. Vielleicht bekommen Sie selbst noch Inspirationen dafür, wo Sie Ihre nächsten Ohrringe kaufen könnten. Sollte Ihnen das für den ersten Schritt zu aufdringlich sein, dann nehmen Sie doch einfach Bezug zu dem Ort oder dem Anlass der Veranstaltung, auf der Sie der anderen Person begegnet sind. Wenn Sie beide den Gastgeber kennen, dann können Sie sich auch gegenseitig fragen, seit wann der Kontakt zu ihm besteht und wie sie sich kennengelernt haben. Somit haben Sie sofort ein gutes gemeinsames Gesprächsthema und die erste Hürde ist geschafft.

2. Hören Sie Ihrem Gegenüber aktiv zu! Konzentrieren Sie sich auf das Gesagte, damit Sie es später an einer passenden Stelle wieder einbauen können. Dies schafft eine solide Vertrauensbasis und Sie werden Ihrem Gegenüber bestimmt in guter Erinnerung bleiben. Stellen Sie möglichst offene Fragen, um den Gesprächsfluss Ihres Gegenübers anzuregen und somit mehr Informationen über Ihr Gegenüber zu bekommen.

Klassische offene Fragen könnten sein:

a. Was denken Sie über diese Location?

b. Was interessiert Sie an Geschäftsreisen am meisten?

c. Welches Business-Thema interessiert Sie am meisten und warum?

Hören Sie aufmerksam zu und halten Sie den Blickkontakt zu Ihrem Gegenüber, damit Sie immer wieder die passenden Antworten geben können und somit einen aufmerksamen Eindruck bei Ihrem Gesprächspartner hinterlassen. Weitere wertvolle Tipps zum aktiven Zuhören finden Sie weiter oben in diesem Buch.

3. Das richtige Gesprächsthema auswählen! Es gibt unzählige Themen und Möglichkeiten, über die Sie sich mit dem anderen unterhalten können und die obendrein noch Ihren Horizont erweitern. Achten Sie bei der Wahl des Themas allerdings darauf, dass es nicht zu provozierend ist, wodurch Sie vielleicht schnell in ein Fettnäpfchen treten könnten. Klassische Beispiele für solche Themen wären Religionen oder Politik. Bleiben Sie lieber bei Gesprächsanlässen, die alle interessieren und bei denen sich keiner auf den Schlips getreten fühlt.

Die besten Gesprächsthemen für einen regen Austausch könnten sein:

a. Essen und Kochrezepte (Welches Kochrezept haben Sie als Letztes ausprobiert?)

b. Reisen (Welches Land haben Sie dieses Jahr schon besucht?)

c. Wetter (Wie gefällt Ihnen das Wetter heute?)

d. Medien: Filme, Bücher, Serien (Welchen Johnny-Depp-Film finden Sie am spannendsten und warum?)

e. Musik (Welchen Sänger würden Sie gerne mal live singen hören und warum?)

f. Arbeit (Bei welcher Firma haben Sie als Letztes gearbeitet?)

g. Kleidung (Ist das Ihr Lieblingskleid?)

h. Hobbys und persönliche Interessen (Welches Hobby wollten Sie schon immer einmal ausprobieren?)

4. Sprechen Sie deutlich! Achten Sie während des gesamten Gesprächs auf Ihre Aussprache und sprechen Sie klar und deutlich. Kommunizieren Sie Ihren Standpunkt so genau wie möglich, damit der andere ihn auch richtig nachvollziehen kann. Heben Sie die wichtigsten Botschaften hervor, indem Sie mit Ihrer Betonung der Wörter spielen und das Wichtigste durch eine höhere Tonlage hervorheben. Bringen Sie Ihre Meinung durch kurze und prägnante Aussagen zum Punkt, damit Sie Ihrem Gegenüber genügend Raum geben, um ebenfalls gute Antworten zu liefern.

5. Beenden Sie das Gespräch auf eine höfliche Art und Weise! Guter Small Talk darf kurz sein und wenn Sie bemerken, dass aus dem Gespräch die Luft raus ist, können Sie sich ganz gekonnt von Ihrem Gegenüber verabschieden und mit dem nächsten Gast weitersprechen.

Passende Sätze, um ein Gespräch höflich zum Ende zu bringen, könnten sein:

a. „Dort drüben ist die Person XY. Ich habe noch ein wichtiges Anliegen mit ihr zu besprechen. Wenn es Ihnen nichts ausmacht, dann würde ich mich kurz entschuldigen."

b. „Das Gespräch war wirklich sehr aufschlussreich und ich bedanke mich für die vielen neuen Anregungen. Ich würde gerne noch weiter mit Ihnen plaudern, aber die Pflicht ruft und ich muss leider los."

c. „Vielen lieben Dank für diese nette Konversation. Leider ist es schon sehr spät geworden und ich habe noch eine andere Aufgabe zu erledigen. Ich hoffe, wir sehen uns bald wieder."

Achten Sie darauf, das Gespräch stets **positiv** abzuschließen und ein kleines Feedback zum Gesprächsverlauf zu geben. Sollten Sie jemanden kennen, der die gleichen Interessen wie Ihr Gesprächspartner hat, dann können Sie diese Person aufsuchen und diese mit dem Gesprächspartner bekannt machen. Somit ist die Beendigung des Gesprächs nicht zu abrupt und Sie haben zwei Personen dabei geholfen, Ihr soziales Netzwerk zu erweitern.

Blitztipps: Sofort sympathischer werden

Der erste Eindruck zählt, und zwar immer und so gut wie in jeder Situation. Das haben Ihnen wahrscheinlich auch schon Ihre Eltern verdeutlicht, als Sie noch ein kleines Kind waren. Doch warum ist das eigentlich so? Ein Mensch entscheidet innerhalb weniger Sekunden, ob er eine andere Person sympathisch findet oder nicht. Dabei spielen vor allem die kleinen Details eine Rolle, wie zum Beispiel die **Mimik, die Gestik oder die Körperhaltung.**

Das erste Aufeinandertreffen ist entscheidend dafür, ob wir den Kontakt zu einer Person halten möchten oder nicht. Zugegebenermaßen kann der erste Eindruck aber auch täuschen und eine andere Person wird zu Unrecht schlecht beurteilt. Doch worauf kommt es denn jetzt genau an, wenn wir zum ersten Mal mit einer anderen Person interagieren, und was können Sie an sich selbst verbessern, um beim nächsten Treffen einen bleibenden Eindruck zu hinterlassen? Mit den folgenden Tipps ist Ihnen ein gelungener Auftritt bei dem nächsten großen Meeting garantiert.

Achten Sie dabei einfach auf diese Punkte:

1. **Bleiben Sie mit Ihrem Fokus im gegenwärtigen Moment!** Versuchen Sie, mit Ihrer Konzentration bei Ihrem Gegenüber zu bleiben, und schweifen Sie nicht mit Ihren Gedanken ab. Bemerkt Ihr Gegenüber, dass Sie gedankenverloren ins Leere starren und dem Gesprächsverlauf nicht mehr folgen, dann wirkt das sehr schnell arrogant und desinteressiert. Bleiben Sie daher mit Ihrem Geist in der gegenwärtigen Situation und konzentrieren Sie sich vollkommen darauf, was Ihr Gegenüber zu erzählen hat.

2. **Ein selbstbewusster Handschlag kann Wunder wirken!** Dabei sollten Sie nicht zu zaghaft, aber auch nicht zu grob nach der Hand Ihres Gegenübers greifen. Ein kurzer und bestimmter Druck kann ausreichen, um Ihren Gesprächspartner respektvoll zu begrüßen.

3. **Schau mir in die Augen!** Die Augen sind bekanntlich der Spiegel der Seele. Sieht Ihr Gegenüber also Ihre Augenpartie nicht, da sie beispielsweise von einem zu langen Pony verdeckt wird, dann kann das für Ihren Gesprächspartner als störend empfunden werden. Immerhin schaut man unbekannten Menschen gerne in die Augen, um den Gemütszustand des anderen besser einschätzen zu können. Achten Sie daher immer auf eine klare und sichtbare Augenpartie.

4. **Spielen Sie mit Ihren Augenbrauen!** Doch warum sind ausgerechnet diese so wichtig, wenn es um den ersten Eindruck geht? Auch an den Brauen kann man den Gemütszustand einer anderen Person identifizieren. Sie können recht schnell erkennen, ob jemand auf Ihr Gesagtes eher freudig oder zornig reagiert. Bei Wut ziehen sich die Augenbrauen sehr schnell zusammen und

es ist eine deutliche Zornesfalte zu erkennen. Sollte man solche Reaktionen bei seinem Gegenüber beobachten, können Sie recht schnell darauf reagieren und den Gesprächsverlauf in eine positivere Richtung lenken.

5. Bewegen Sie sich leicht während eines Gesprächs! Bleiben Sie nicht wie angewurzelt vor Ihrem Gegenüber stehen, sondern bewegen Sie sich leicht hin und her. Untermalen Sie Ihr Gesagtes, indem Sie Ihre Handbewegungen passgenau einsetzen. Wenn Sie besonderes Interesse zeigen wollen, kann es außerdem hilfreich sein, wenn Sie Ihren Kopf leicht zur Seite neigen. Dies symbolisiert Sanftheit und zeigt, dass Sie sich aufrichtig für die Worte Ihres Gegenübers interessieren.

6. Versuchen Sie nicht zu sehr, von anderen akzeptiert zu werden! Wenn man einen besonders guten Eindruck bei jemandem hinterlassen möchte, kann es manchmal passieren, dass man etwas über das Ziel hinausschießt und zu gekünstelt auftritt. Versuchen Sie daher immer, authentisch zu bleiben. Es hilft Ihnen nicht viel, wenn Sie aufgrund von zu viel Ehrgeiz einen völlig falschen Eindruck Ihrer Persönlichkeit hinterlassen. Bleiben Sie daher ruhig und versuchen Sie nicht, jemanden darzustellen, der Sie eigentlich gar nicht sind. Akzeptieren Sie es, wenn Sie von einer bestimmten Person nicht gemocht werden, immerhin gibt es noch so viele andere Personen, die Sie von sich überzeugen können.

Wie Sie sehen, kann es sehr einfach sein, bei einem anderen Menschen gut anzukommen, wenn man nur ein paar kleine Dinge beachtet. **Vergessen Sie jedoch nicht den wichtigsten Punkt von allen:**

> Sie sollten sich wohlfühlen und keine Angst davor haben, sich von Ihrer besten Seite zu zeigen.

Sollte es Ihnen dennoch einmal passieren, dass Ihnen während eines sehr wichtigen Gesprächs die passenden Worte fehlen, dann können Ihnen die folgenden Tipps aus dieser unangenehmen Stille heraushelfen.

DEN GESPRÄCHSFADEN NICHT ABREISSEN LASSEN UND UNANGENEHME STILLE VERMEIDEN

Kennen Sie auch die folgende Situation? Sie sitzen mit einer bekannten Person in einem Raum und es herrscht Totenstille. Niemand sagt ein Wort und Sie starren sich einfach nur an. Das Einzige, was Sie in diesem Moment vielleicht wahrnehmen, ist die tickende Uhr an der Zimmerwand. Diese bekannte Situation ist Ihnen bestimmt schon unzählige Male passiert, jedoch hinterlässt sie immer wieder so ein unangenehmes Gefühl in der Magengrube. Doch was können Sie nun tun, um dieser unangenehmen Stille effizient vorzubeugen, damit Sie kein weiteres Mal in diese Lage gelangen? Die folgenden Hinweise können Ihnen gute Anhaltspunkte liefern, wie Sie sich am besten verhalten können.

1. Sprechen Sie die Sachlage einfach an! Bleiben Sie ruhig und authentisch und sprechen Sie Ihre empfundene Unsicherheit ruhig an. Das zeigt nicht nur innere Stärke, sondern Sie geben Ihrem Gegenüber auch noch die Möglichkeit, wichtige Dinge anzusprechen, über die es vielleicht noch reden möchte. So könnten Sie beispielsweise zu Ihrem Gegenüber sagen: „Wenn ich ganz ehrlich zu Ihnen sein soll, weiß ich momentan nicht, wie ich die Konversation zu Ihnen aufrechterhalten soll. Vielleicht haben Sie noch eine Idee, worüber wir sprechen können?“

2. Weichen Sie vorübergehend erst einmal auf allgemeinere Themen aus! Somit können Sie vorübergehend das Schweigen unterbrechen und bekommen außerdem die Möglichkeit, sich noch länger über ein neues Gesprächsthema Gedanken zu machen. So könnten Sie beispielsweise auf Ihr derzeitiges Umfeld Bezug nehmen. So könnten Sie in einem Restaurant zum Beispiel die folgende Anmerkung machen: „Das ist das beste Filet, das ich bisher gegessen habe, die anderen waren bisher immer sehr zäh. Wie schmeckt eigentlich Ihr Gemüseauflauf?“ Auch Aussagen über das Wetter können die Gesprächssituation vorübergehend retten, sollten aber nicht allzu oft angewendet werden, da das Gespräch sonst eher monoton und eintönig wirkt.

3. Vermeiden Sie selbst zu kurze Antworten auf wichtige Fragen! Zugegebenermaßen, wenn Sie gerade einen sehr stressigen Arbeitsalltag hinter sich haben, dann ist es auch verständlich, wenn Ihre Reaktionen kurz und knapp ausfallen. Jedoch können kurze Phrasen oder auch nur einzelne Wörter sehr unhöflich auf Ihr Umfeld wirken. Wenn Ihnen auf eine wichtige Frage auch nicht gleich eine lange Antwort einfällt, dann können Sie das entweder ehrlich kommunizieren oder das Gesprächsthema nach Ihrer Antwort durch eine eigene Frage wieder aufgreifen. So wird der Gesprächsfluss nicht unnötig unterbrochen.

4. Erstellen Sie sich eine Liste über Themen, die Sie und Ihr Gegenüber interessieren! Wenn Sie Ihren Gesprächspartner bereits kennen, dann können Sie sich vorab bereits gute Notizen machen, über welche Themen Sie sich ausgiebig unterhalten können. Selbst wenn Sie Ihren Gesprächspartner noch nicht kennen, können Sie sich eine Liste über Ihre Interessen, Ihr Fachwissen oder aktuelle Themen erstellen. Auf diese Stichpunkte können Sie immer wieder zurückgreifen und Sie können bei Ihrer neuen Bekanntschaft viel spezifischer nachfragen, für welche Thematiken sie sich eigentlich interessiert.

5. Finden Sie in der Umgebung eine Aktivität, die Sie gemeinsam machen können! Sollten Sie bemerken, dass die Luft wirklich komplett raus ist und es zu keinem flüssigen Gesprächsverlauf kommt, dann können Sie entweder überlegen, das Gespräch zu beenden, oder Sie suchen sich in der Nähe eine Aktivität, die Sie gemeinsam machen könnten. Gibt es beispielsweise ein Kino oder eine Karaokebar? Dann machen Sie doch mit Ihrem Gesprächspartner einen spontanen Trip dorthin. Somit erhalten Sie wieder genug Impulse, um ein neues Gespräch zu beginnen.

Es gibt also unzählige Optionen, um diese peinliche Stille während eines Gesprächs zu vermeiden. Doch manchmal kann es auch sehr ratsam sein, wenn Sie sich einfach entspannen und den ruhigen Moment mit Ihrem Gesprächspartner genießen. Sie müssen nicht immer im Gespräch bleiben, um als interessant angesehen zu werden. Der heutige Alltag kann manchmal so unruhig und hektisch sein, dass eine Ruhepause auch mal Balsam für die Seele und die Stimmbänder sein kann.

Übung macht den Kommunikationsmeister

Gute Kommunikationsfähigkeiten sind heutzutage ein Muss, um in der heutigen Gesellschaft überhaupt bestehen zu können. Ob für die Planung einer wichtigen Präsentation oder zum Knüpfen neuer Freundschaften, die Sprache begegnet Ihnen überall im Alltag. Sie ist der Motor dafür, dass ein soziales Leben und somit die Kommunikation untereinander ermöglicht wird. All Ihre Beziehungen können nur durch den gezielten Einsatz von Kommunikationsmitteln aufrechterhalten werden. Mit den richtigen Worten können Sie sowohl einen Streit schlichten als auch eine Diskussion gewinnen oder einfach nur einen guten Rat an Ihre beste Freundin geben. Wörter sind mächtig und haben einen riesigen Einfluss auf Ihren beruflichen sowie sozialen Erfolg. Wollen Sie jedoch ein sehr guter Kommunikator werden, dann merken Sie sich, dass nicht nur die richtige Wortwahl entscheidend dafür ist, ob Sie von Ihrem Gegenüber akzeptiert werden oder nicht. Es zählen noch so viele weitere Faktoren dazu, die entscheidend dafür sind, ob Sie Ihr soziales Umfeld von sich überzeugen können. Achten Sie beispielsweise auf die richtige Körperhaltung, Ihre Mimik sowie Ihre Gestik, um Ihre persönlichen Botschaften selbstbewusst kommunizieren zu können.

Damit Sie Ihren Standpunkt selbstsicher nach außen präsentieren können, ist es wichtig, dass Sie an Ihrem Wortschatz arbeiten und ihn stetig erweitern. So haben Sie mehr Wörter in Ihrem aktiven Wortschatz zur Verfügung, damit Sie geschickt mit Ihrer sozialen Umwelt interagieren können. Wenn Sie mit der Zeit mitgehen wollen, dann können Sie sich außerdem mehr mit der Jugendsprache auseinandersetzen. Das hält Sie nicht nur jung und auf dem Laufenden, sondern sorgt auch dafür, dass Sie empathischer mit jüngeren Menschen umgehen und sich gezielt auf Ihre Lebenswelt einlassen können. Empathie ist eine Schlüsselkompetenz, wenn es um den zwischenmenschlichen Kontakt geht. Die Kunst der guten Gesprächsführung liegt darin, dass Sie sich stets auf die unterschiedlichsten Menschen und Situationen einlassen können und flexibel auf die Bedürfnisse Ihres Gesprächspartners reagieren können. Egal, ob es nun um einen kurzen Small Talk auf der Familienfeier geht oder Sie spontan eine interessante Person in der U-Bahn oder in der Bäckerei treffen – sobald Sie wissen, wie Sie sich und Ihre Kommunikationsfähigkeiten perfekt in Szene setzen, ist Ihnen der soziale Erfolg garantiert und Sie können Ihr soziales Netzwerk stetig um neue interessante Bekanntschaften erweitern.

Quellenverzeichnis und weiterführende Literatur

- Busch, E. (2022): *Hilfe – Ich muss eine Rede halten!. Ein schneller Einstieg in die Redekunst – technisch und psychologisch.* Hamburg: tredition GmbH
- Fallheim, S. (2021): *Ausdrucksweise verbessern: Wie Sie mit Hilfe effektiver Methoden von A – Z, Ihren Wortschatz erweitern und Ihre Gesprächspartner begeistern.* Spremberg: Independently published
- Haas, J. (2021): *Die Macht der Ausdrucksweise im Beruf. Wie Sie mit 4 Gesetzen der Kommunikation die Ausdrucksweise verbessern und den Wortschatz erweitern. Für sicheres und überzeugendes Auftreten.* Königsbrunn: Change – Verlag, 1. Auflage
- Jesper, V. (2022): *Überzeugende Kommunikation – Das 5 in 1 Buch: Positive Rhetorik. Manipulative Rhetorik. Die Psychologie der Körpersprache. Wortschatz erweitern und verbessern. Die Macht der Worte.* k.A.: Independently published
- Krone, M. (2020): *Menschen lesen. Ausstrahlung. Smalltalk. Körpersprache, Charisma und Rhetorik lernen, den Menschen und sich selbst besser verstehen.* Stuttgart: Independently published
- Lambert, L. (2021): *Körpersprache .Charisma. Erfolg.: Menschen lesen leicht gemacht. Meistern Sie die Kunst der Körpersprache und gewinnen Sie mit Ihrer Ausstrahlung Menschen für sich.* Schwäbisch Hall: Books on Demand, 1. Auflage